カバラ数秘術
ユダヤ最高の占術でわかるあなたの運命

浅野八郎

三笠書房

プロローグ
「この先の〝自分〟に、何が起こる?」
「知りたいこと」がすべてわかる〝驚異の書〟!

私は、古今東西の「占い」を学び、人間の運・不運に関する研究を長年続けてきました。私のところには、いろいろな悩み事を抱え、これからの運命を見てほしいと、さまざまな人たちが相談に訪れます。

いままでに1万人以上を指導・鑑定し、その中には松下幸之助、本田宗一郎といった経営者やマンガ家の手塚治虫、野球選手の松井秀喜、俳優の美輪明宏、タレントの北野武など各界の著名人も数多くいます。

そのつどいろいろな角度から助言をさせていただきましたが、本書でご紹介する「カバラ数秘術」の的中率には、いつも私自身驚かされます。世に数多くある占いの中でも〝最強の占い〟であると確信しています。

これまで富と幸せをつかんだたくさんの成功者たちと話をしてきましたが、話してみてわかったことは、成功者たちはみな、意識するしないにかかわらず、**「自分の人生の波にうまく乗っている」**ということです。

みなさんにも心当たりがあると思いますが、人生には、何をやっても不思議とうまくいくラッキーなときと、どんなに努力しても、まったく思うようにならないツキのないときがあります。**人間の「運命」には、人知の及ばない〝不思議なサイクル〟があるのです。**しかも、そのサイクルは、一人ひとり違います。

自分の運命のサイクルを知り、リズムをつかんで、その波に上手に乗ることが、無駄な苦労を省き、幸運を大幸運へと導く重要な鍵となるのです。

◇ユダヤ人大富豪もハリウッドスターも使っている！
幸運と富を引き寄せる「ユダヤ式・運命解読法」

自分の人生に起こる数々の運命を予測してくれるもの。それが、**「カバラ数秘術」**です。

「カバラ」（Cabala,Kabbalah）とは、ヘブライ語の「カバル」（Kabbal）に由来する言葉で、「受け取る」「伝承を引き継ぐ者」を意味します。
その言葉通り、「カバラ数秘術」は、四千年もの間ずっとユダヤ民族の各家庭で一《いっ》子《し》相伝《そうでん》、口から口へと伝えられてきた**門外不出の「秘法中の秘法」**なのです。

みなさんご存じのように、ユダヤ民族は過酷な歴史に翻弄《ほんろう》されながらも、今日まで絶《た》えることなく、自分たちの文化を守りつつ生き抜いてきました。それどころか、世界の人口の0・2％にすぎない少数の民族であるにもかかわらず、世界の名だたる大富豪や著名人の多くを輩出しているのは、周知の事実です。

ユダヤ人にとって、自分の宿命を受け入れ、どう生きていくか最善の選択をするための最大の武器、それが「カバラ数秘術」でした。カバラの教えが多くの天才を生み、歴史に残る大偉業を実現させる原動力となったのです。

現在では、「カバラ数秘術」は、ユダヤ民族だけでなく、ヨーロッパやアメリカを中心に世界中に広まっています。とくにアメリカの歌手マドンナをはじめ多くのハリウッドスターやセレブが傾倒《けいとう》していることで、話題になりました。

本書では、その「カバラ数秘術」という**最強のユダヤ占術をもとに、心理学やあら**

ゆる占星術の知識と、経験を培《つちか》って編み出した浅野式「カバラ数秘術」をご紹介いたします。誰でも簡単にでき、いますぐ活用していただけるはずです。

本論で詳しく述べますが、「カバラ数秘術」で次のようなことがわかります。

●人生の「上昇期」「下降期」がわかる（↓「カバラ・ピラミッドリズム」21ページ～）
●前世からの宿命や、自分では気づいていない性格など〝本当の自分〟が見えてくる（↓77ページ～）
●恋愛・結婚運（123ページ～）、金運（169ページ～）、仕事運（193ページ～）……が怖いくらい当たる
●この年、この月の運勢は？　特定の年、月のアップダウンがわかる（「個人年運数」「個人月運数」↓217ページ～）

本書を〝人生の羅針盤〟として、みなさんの幸せな未来のために役立てていただきたいと切に願っております。

浅野八郎

目次

編集協力　ユウコ

Part 1

〈カバラで強運な人生を引き寄せる〉

運命数が
あなたの一生を支配する

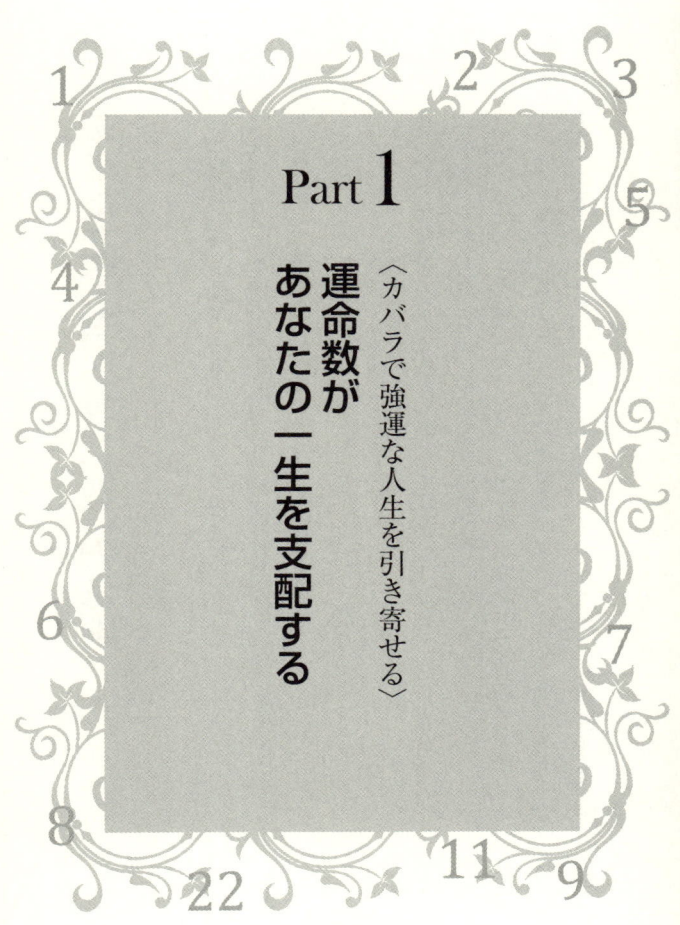

あなたを幸せに導く「数」の法則

カバラでは、人が生まれながらにひとつだけ持っている特別な数字――〝生年月日〟から導いた数＝**「運命数」**によって運命を判断します。

「1」から「9」までの数字と、それに「11」「22」の数字を加えた11個の数があります。

この「運命数」の影響力は一生変わることがありません。あなたがこの世に誕生し、この世を去るまで一生つきまとっていく「数」です。

つまり、この「数」こそが、あなたの一生を物語る鍵となるのです。

ちなみに、ユダヤ人の間では、自分の運命数が彫ってあるペンダントをつけて、お守り代わりにしている人が多くみられます。ユダヤ人は自分を象徴する数字をそれほど重要視しているのです。

では、なぜ生年月日から割り出した「数」で運命がわかるのか――。

カバラでは、

数字には、意味がある。

数字が、宇宙のすべてをつかさどる――。


と考えられています。

ユダヤの人々にとって数字は単なる「記号」ではありません。これらは固有の意味を持つ「言葉」であり、個々の数字には人知を越えた存在からの深いメッセージが込められています。

とくに「運命数」の11個の数字には、それぞれの性質があり、その人の人生に多大なる影響を与えると考えられています。

ですから、自分の「運命数」の意味を知ることが、自分の未来を解く重要な手がかりとなるのです。

あなたの運命数の出し方

それでは早速、あなたの「運命数」を出してみましょう。
運命数の算出方法は、驚くほど簡単です。
生年月日の中にある数をすべてバラバラにして、ひと桁になるまで足し算するだけ。

たとえば、1985年9月17日生まれの人の運命数は、
1＋9＋8＋5＋9＋1＋7＝40
これを、さらにひと桁になるまで計算します。
すると4＋0＝4となり、この人の運命数は「4」となります。

また、気をつけていただきたいのは、計算結果が「11」と「22」になったときです。

「11」と「22」は、カバラにとって特別な数なので、このまま運命数とします。

たとえば、1987年6月25日生まれの人の場合です。
1＋9＋8＋7＋6＋2＋5＝38
これをさらに計算すると、3＋8＝11となります。

この人の場合は、このまま「11」が運命数となります。「22」の場合も同様です。

運命数に隠された「メッセージ」とは……?

自分の「運命数」がわかったところで、それぞれの特徴を簡単に説明しておきましょう。

この「1」から「22」までの数字には、すべて特別な意味が込められています。

運命数 1 ……「王冠星」

キーワード　リーダー、意志力、統一・統合

「1」は、**すべてのはじまり**を示す数字。唯一、絶対の存在。

あらゆるものの中心となり、独立心を物語っています。さらに、最高のものをあらわす数といわれています。**他の数の上に君臨し、支配する**力を持っている数なのです。

運命数2……「知性星」

キーワード　調和とバランス、思慮深さ

「2」は、**母性や女性性**をあらわします。

愛することややさしさ、知恵や教養、協調性の象徴です。また、二つの相反する価値を認め、受け入れる柔軟な素質をあらわしており、融合することの素晴らしさ、相手を思いやる愛情を物語る数です。

運命数3……「発展星」

キーワード　創造、自己表現

「3」は、「2」の対極で、**力強さ、男性性**をあらわす数です。

自分のエネルギーを外に押し出していく性質を持ち、新しいものを創造していく力の象徴でもあります。**力強く物事を進め、発展させる**ことができる、いさましいイメージを持つ数です。それと同時に、**破壊や混乱といった負のエネルギー**も持ち合わせています。

運命数 4 ……「基礎星」

キーワード 安全、安定、固定

「4」は、すべての基礎となり、**「安定」**を意味します。

「四本柱」といった建物の基礎や柱など、動じないこと、ゆるぎないことをあらわしている数。安全を第一に考え、**コツコツ努力して義務を果たしていく**イメージです。

運命数 5 ……「行動星」

キーワード 忍耐力、力、正義

「5」は、原初、好奇心からリンゴを食べ、エデンの園を追放された**「人間」**を象徴している数。「五体」や「五感」といった人間の身体そのものもあらわします。

また、絶えることのない**行動力**、**進歩**、**冒険心**、**正義感**も意味します。アメリカの国防省が「ペンタゴン」と呼ばれる五角形の建物にされたのもこれらを象徴しているからなのです。

運命数 6 ……「調和星」

キーワード　美、愛、完全

「6」は、**美とバランス**をあらわす数です。

ユダヤ教やユダヤ民族をあらわす、ダビデの星は、二つの正三角形を逆に重ねた六角形（六芒星《ろくぼうせい》）です。これは、「6」という数字が、美と同時に、**完全**をあらわすものだからです。

運命数 7 ……「完全星」

キーワード　勝利、宇宙、神秘

「7」は、**完璧なもの**、**完全な調和**を示す数です。

よりよいものを追求する精神と関係し、真理、勝利、堅固さ、知識、学問、研究、瞑想《めいそう》を物語る数でもあります。

また、カバラでは「7」は、宇宙や神秘を物語る重要な数字と考えられています。

運命数8……「支配星」

キーワード　支配力、名誉、権力

「8」は、基礎をあらわす「4」を2倍した数であることから、基礎を二重に固めている状態を示しています。運命数の中で、もっとも強力な力を内在している数字といわれています。

二重に基礎を固めているということは、自分の周囲により万全な素地《そじ》を築いているということ。周囲を囲うということは自らを守るだけでなく、その力を周りに見せつける意味もあり、名誉、荘厳、組織、権力、成功、支配力などをあらわすこともあります。また、その強力なパワーが負の方向へはたらくと、破壊、戦争へ向かうこともあります。「破壊と成功」「戦争と安定」という、両極端な性質なのです。

運命数 9 ……「神秘星」

キーワード　完成、理想、人間愛、新たなスタート

「9」は、「1」から「8」までのすべての数の要素を内包し、**完成**をあらわす数。不思議な力やバランスが宿っているといわれています。

ひとつの完成を意味すると同時に、**新しいものの交代、はじまりを予感させる**意味も持っています。

また、**人間愛や、哲学、神秘主義、理想主義**もあらわしています。

運命数 11 ……「革新星」

キーワード　革新的なパワー、人間創造、個性

「11」は、カバラの中で、最初の二桁。**これまでとは違う新しいものを生み出す、人間創造の力、革新的なパワー**が秘められた数字です。

運命数22……「大幸運星」

キーワード　時間、空間、宇宙、森羅万象

「22」は、カバラでは、**もっとも特別な数字**として扱われています。

それは、ヘブライ語が22文字であることに由来しています。ユダヤの人々は、ヘブライ文字を神そのもの、または神が創造したものであると考えているからです。そこから、神が作り上げた**宇宙と、その中にある森羅万象、時間と空間**をあらわす数とされています。

＊

いかがでしたか?

これまで見てきたように、「数」には驚くほどたくさんの「言葉」や「暗号」「メッセージ」が込められているのです。

さあ、次からは、あなたの「人生のサイクル」「宿命」「運勢」「年運勢」「月運勢」などを、実際にみていきましょう。

Part 2

〈ここが〝分かれ道〟――
「ピラミッドリズム」でこれからの一生を知る〉

あなたの幸運・不運は いつやってくるか

〝未来〟を知ることで、人生はこんなに変わる！

人間の体は、新陳代謝を繰り返しながら生命を維持しています。皮膚であれば、28日前後で新陳代謝が行なわれるというように、一定の周期で古いものを捨て、新しいものを迎え続けるから健康が保たれているのです。

「カバラ数秘術」ではこれと同様に、**運命にも新陳代謝のようなリズムがある**と考えています。

運は浮き沈みを繰り返しながら、よりよい方へ向かっていくという考え方です。夏がいつまでも続かないように、冬もいつか終わるように、上昇期も下降期もいつまでも続くことはなく、どちらも一定のリズムで人生に訪れるのです。

カバラでは、人の一生を3つの時期に分けて考えています。それぞれの時期に運の上昇する時期と下降する時期があり、それがあたかもピラミッドを上って下るような形になることから、「カバラ・ピラミッドリズム」と名付けています。ひとつのピラミッドを終えるまでには、まず上昇期9年を経てピラミッドの頂点に立ち、そこから下降期9年を過ごすことになります。

つまり、ひとつのピラミッドの形成には合計18年の歳月が必要になり、3つのピラミッドを合わせると、54年間という長いスパンのサイクルとなります。3つのピラミッドが終わったからといって、人生が終わるわけではなく、そこからまた新たなスタートとなります。

なかでも一番の人生の頂点は、二つ目のピラミッドです。人は誰もがその頂点を目指して上っていきますが、スタートの時期は、みな一緒ではありません。

スタートの年齢は、「運命数」によって違ってきます。それぞれが最高のタイミングで、ピラミッドの入り口に誘われるのです。

◇人生の〝幸運街道〟を歩く地図

この「カバラ・ピラミッドリズム」が示す自分の運命のリズムを知っていれば、人生をいっそう有意義に過ごすことができます。攻めと守りのタイミングも、正しくはかることができ、成功への扉が大きく開かれていきます。

物事がうまくいかずに悶々《もんもん》としたり、壁にぶつかったりするときは、ほとんどといっていいほど、自分のリズムに逆らった行動をとっているものです。

いまこそ挑戦するべきタイミングなのに、じっと動かずにいたり、決して冒険をしてはならないときに、無謀な賭けに出たりして失敗する人を、これまでもたくさん見てきました。

ちょっと頭の中に、いまの自分の運命リズムを入れてさえおけば、事は驚くほどすんなりと運んでいくのです。

運命のリズムに乗って生きる生き方こそ、カバラが私たちに教えてくれる絶妙な智《ち》慧《え》といえましょう。

「3つのピラミッド」が教えてくれる〝自分にピッタリな生き方〟

それでは実際に「カバラ・ピラミッドリズム」をみていきましょう。

私たちの人生を形作る3つのピラミッドには、それぞれ意味があります。

◇第1ピラミッド　【準備期】人生の序盤戦

一つ目である第1ピラミッド（27ページ図中①）は、十代から二十代に現れます。自分自身の運というよりも、親や周りの人たちに大きく影響されるものです。

この時期は、やがて来る飛躍のとき（第2ピラミッド以降）に備えて、**あらゆるものを消化し、吸収するといったことを繰り返す時期**です。

成功のためにはあらかじめ態勢を整えておく必要があります。決して怠惰《たいだ》に過ごさ

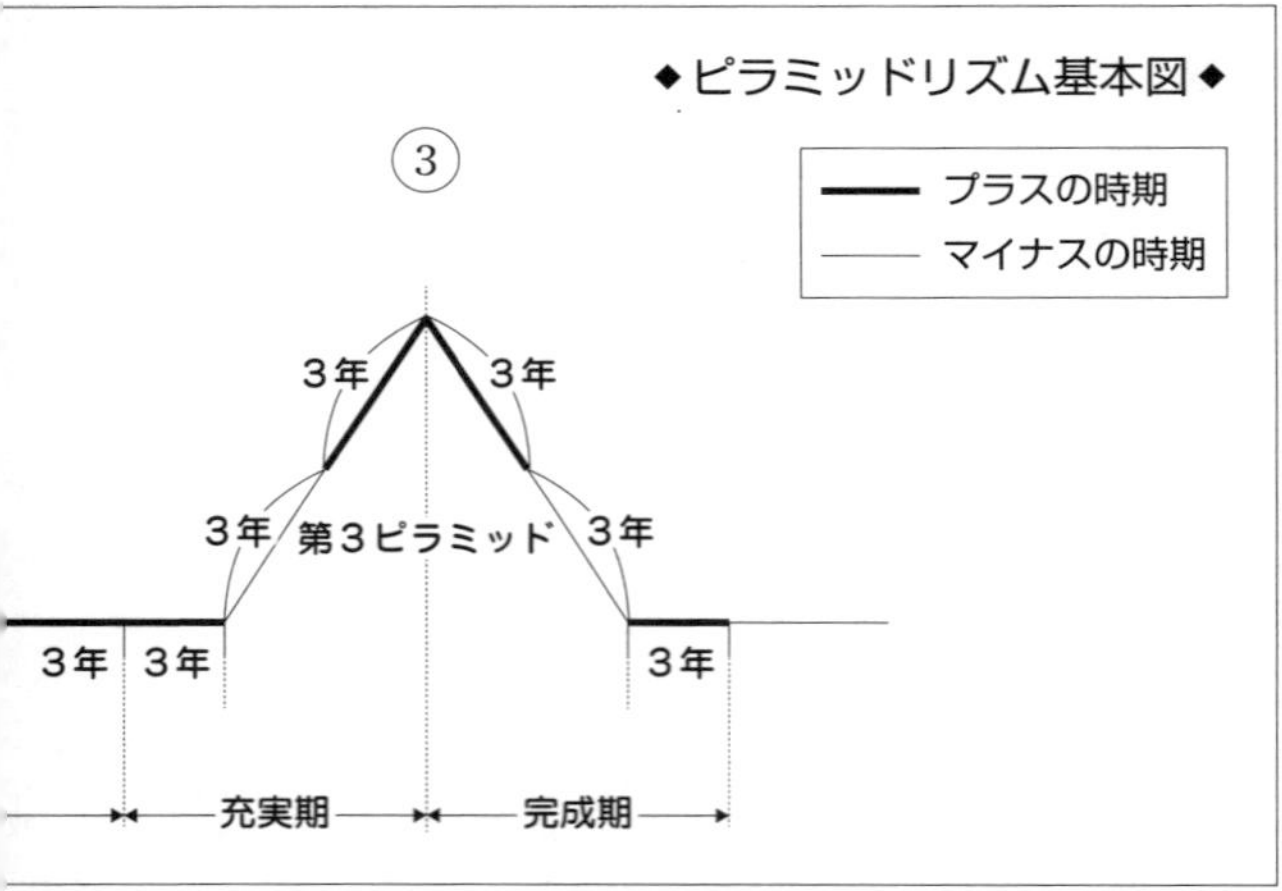

◆ピラミッドリズム基本図◆

ず、未来を見据《す》えて前進する気概を養っておきたいものです。

◇第2ピラミッド 【出発期～発展期】ビッグチャンスが数多く訪れる

人生でもっとも勢いがあるのは、次に訪れる第2ピラミッド（上図中②）です。このピラミッドこそ、**人生でもっとも大きな役割をしめ、ここで運命の上昇期と下降期にどういった選択をするかで道が大きく別れます。**だからこそ、慎重に過ごさなくてはいけない時期といえます。

第2ピラミッドのはじまる年齢は、**「スタート」**と呼ばれます。子どもから

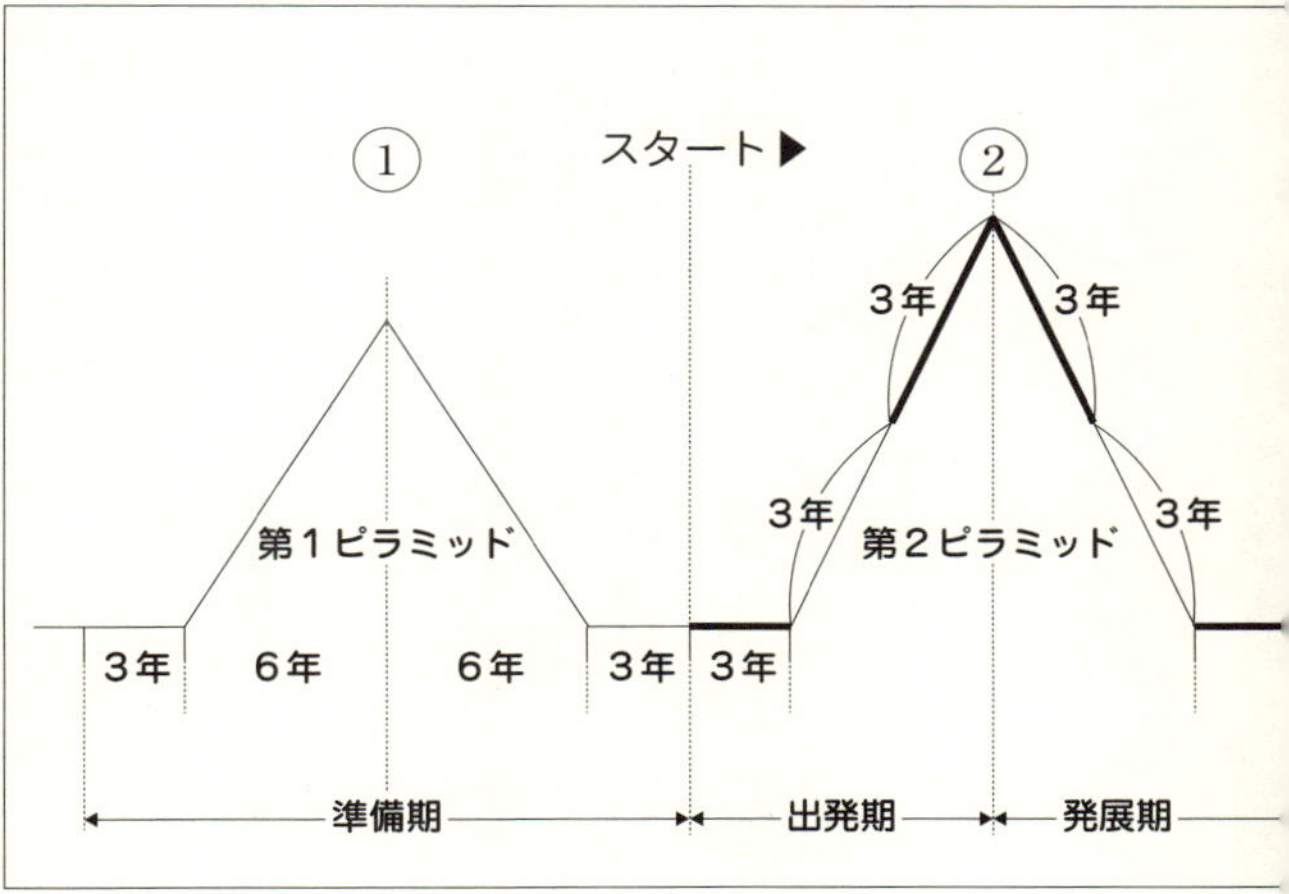

いよいよ大人に成長し、自分の目標に向かってスタートしようとする時期です。

このスタート時期は、先にも書いた通り、その人の「運命数」によって違ってきます。

「スタート」から第2ピラミッドの頂点までの9年間は**【出発期】**と呼ばれ、人生において**才能や個性を発揮しはじめる時期**です。

さらにその頂点からの9年間は**【発展期】**と呼ばれ、**【出発期】で発揮された才能、個性が実を結ぶかどうかが問われる時期**です。

この18年間で得たチャンスを確実にも

のにして、最大限に生かすことができれば、**成功と同時に、大きな富をつかむことが**できます。

◇第3ピラミッド　【充実期〜完成期】人生の収穫期

最後にやってくるのが第3ピラミッド（26ページ図中③）です。

人生にとってもっとも実りの多い時期で、**人生の夢や目的を果たすチャンスに恵まれる**18年となります。

第3ピラミッドのはじまりから頂点まで、上り坂の9年間が【充実期】となり、**良くも悪くもそれまでの人生の成果が現れるとき**です。

続いて第3ピラミッドの頂点から9年間は【完成期】。**人生の目標が達成される時期**をあらわしています。

◇プラスの時期・マイナスの時期

第2ピラミッドからは、3年間ごとに「プラスの時期（図中太線）」と「マイナスの時期（図中細線）」とで区切られるようになります。

●上昇期の「プラスの時期」は、何をやってもうまくいく攻めのとき
●上昇期の「マイナスの時期」は、不運に対してさほど神経質にならなくてもいいとき
●下降期の「マイナスの時期」は、現状維持に徹する守りのとき
●下降期の「プラスの時期」は、努力が成功に結びつくとき

◇人生の助走期間

3つのピラミッドの谷間に、6年間に及ぶ水平の部分がありますが、これは、人生

における休息の期間と考えてよいでしょう。

とくに次のピラミッドがはじまる前にあたる水平部分の3年間は、ピラミッドを駆け上がるうえでの助走期間と考えます。

◇完成期を終えたら、またスタートに戻る

ひとつ申し上げておきたいのは、【発展期】と【完成期】についてです。

いずれも図をみるとピラミッドの下降期にあたっています。発展し、完成する時期なのに、どうして下降期なのかと疑問に思うところですが、これは自分が成功に向けて伸びていく【発展期】と、築き上げてきたものを根付かせる【完成期】には、「決して気をゆるめてはならない」というメッセージ。あえて厳しい下降期が訪れているのだとご理解ください。

この時期にひたすら努力をすれば、必ず報われます。

また、【完成期】が終わったら、また第2ピラミッドの「スタート」へ戻ります。

たとえば「運命数1」の人は62歳で完成期が終わりますが、そこからまたスタートして第2ピラミッドの流れに乗って生きていくということになります。

それでは、それぞれの「運命数」ごとに詳しくご説明していきましょう（「運命数」の出し方は、12ページ）。

運命数1「王冠星」の人（スタート年齢＝26歳）

……35歳の前後6年間が〝人生の勝負どき〟

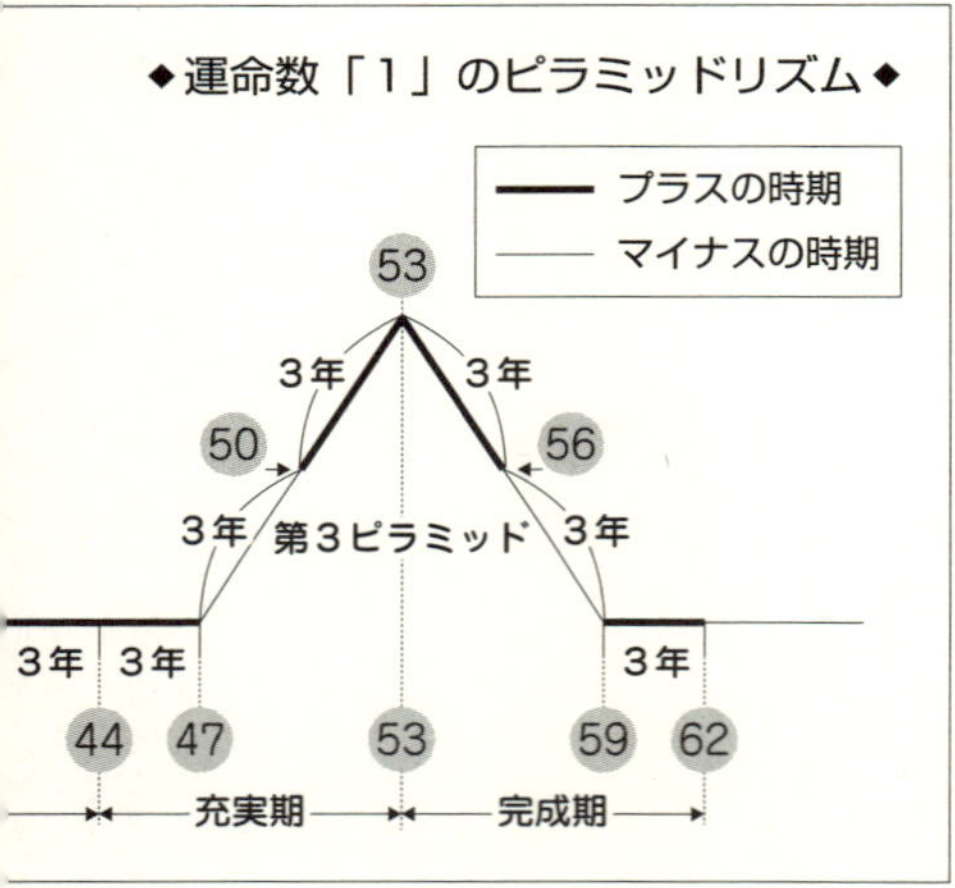

強力な運を持ち、トップに立つ宿命を持つ「運命数1」の人は、**めまぐるしく変化に富んだ、ドラマティックな一生を**送ります。

【準備期】

「運命数1」の人は、この第1ピラミッドの時期に**自分の「人生の目標」を決定し、かつそのための行動を起こしておくことが**、今後の人生に大いなる成功と巨万の富をもたらすポイントとなります。

しかしながら、「運命数1」の人にとっ

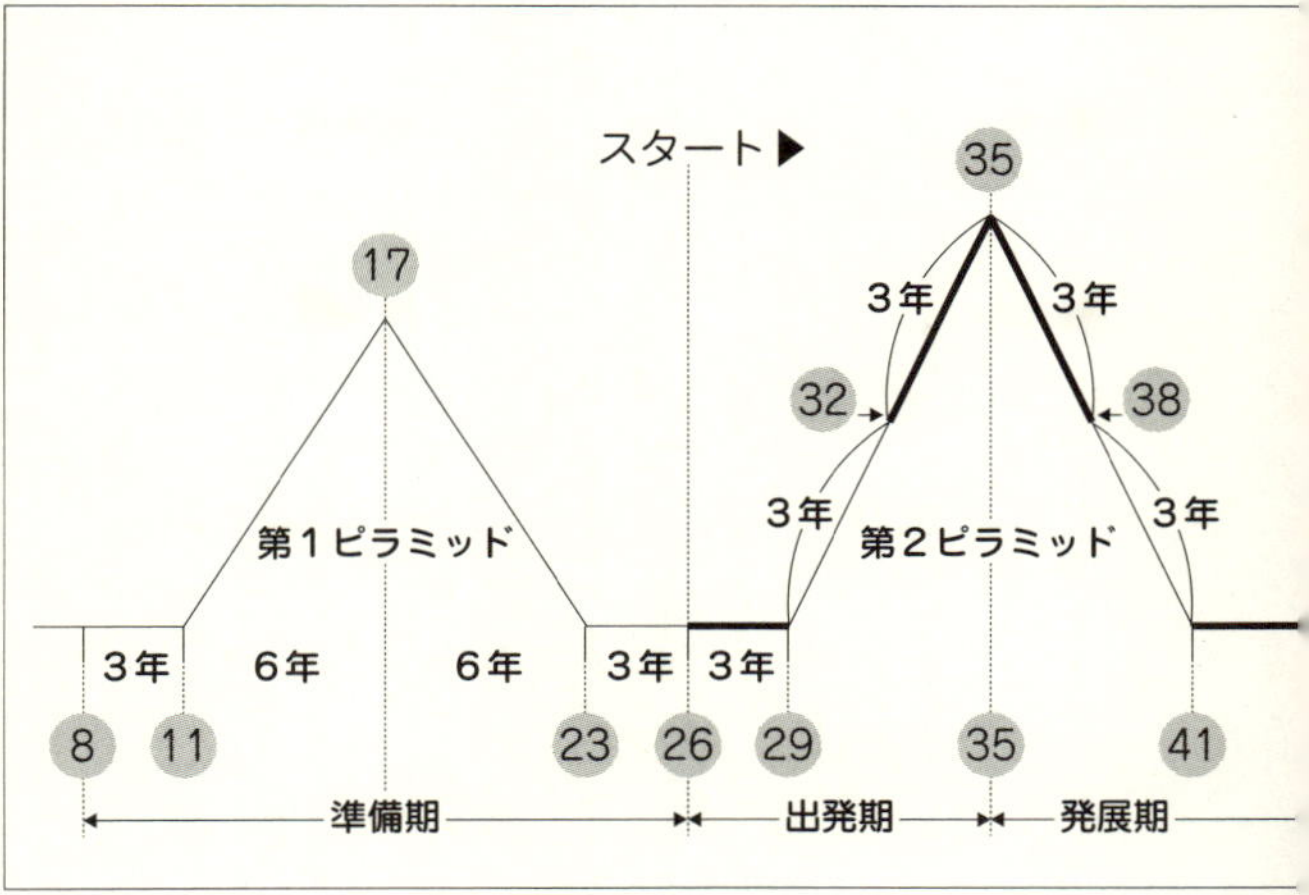

て、この時期は、理想と現実のギャップに苦しむ悩みの多い時期かもしれません。生まれ持った華やかさから、周囲に大いに注目はされるものの、実力がともなわず努力が空回りすることも。

それでもめげずに、持ち前のチャレンジ精神を発揮し続けていれば、必ず自分の人生の目標を決するキッカケが次々と現れます。

もしも、第1ピラミッドの時期を過ぎても、人生の目標を決められなかったという人は、29歳から35歳になるまでの6年間で勝負をかけましょう。すると頂点である35歳で目標が達成でき、さらなる成功への道が開けていきます。

【出発期・発展期】

一般に、その人の運がもっとも発揮されるのは、【発展期】からといわれています。「運命数1」の人は、この【発展期】の2～3年前、つまり32歳あたりからチャンスをつかんでいきます。そして、【充実期】には、地位、財産を獲得する人が多いでしょう。

この時期に何らかの形で人の上に立つポジションを得られれば、その後の人生は順調に成功に向かい、巨万の富をつかむチャンスも舞い込んできます。

35歳から44歳になるまでの9年間は、35歳でのポジションをさらに発展させることを考えましょう。**もっとも強気で攻めることができるのは、38歳になるまでの3年間。**多少の無茶も許されるので、パワフルに動くと、大きな富をつかむきっかけができます。

また**38歳から41歳になるまでの3年間で、一度人生の見直しをはかり、修正点を見つけるとよいでしょう。**この3年間は、成功している人ほど対人関係でのトラブルが予想されるので、慎重に過ごすことです。

41歳から47歳までの6年間は、自分のやりたいことを明確に意識し、優先させることが大事です。大きな成功と富をつかむには、この時期が勝負。必ずよい結果が生まれます。とくに22歳から30歳にかけて手がけたことが、44歳になって大成しそうです。

【充実期・完成期】

第3ピラミッドでは、47歳から50歳になるまでの3年間に、対人関係や金銭面でのトラブルがなければ、53歳で迎える【完成期】の頂点が輝かしいものになります。53歳の頂点をはさんだ前後6年間は、**「自分のやりたいこと」を優先させると、地位と財産に結びつきます。**

注意したいのは、56歳からの3年間です。この時期には予想外の不運に襲われる可能性が高いのです。とくに確固たる地位や財産を手にした人は要注意です。強固な守りの姿勢で過ごすことです。【完成期】以降は、これまで経験したことのすべてが実生活の中で生きてきます。

「運命数1」の人の特徴としては、老いてもまだまだ若いときと同じように精力的に動けるということがあります。62歳で第2の人生サイクルがはじまりますが、いくつになってもトップの座を譲らないタイプのオーナー社長には、「運命数1」の人が大変多いのです。

運命数2「知性星」の人（スタート年齢＝16歳）

……25～34歳の9年間で人生が一気に花開く！

「運命数2」の人の人生が一気に花開くのは、25～34歳までの9年間。信じられないような大きな発展があり、仕事も対人関係も、才能の面でも、自分の理想とするものが次々と叶っていきます。

そのためには、16～25歳までの過ごし方が鍵。ここでの努力次第で、その後の成果がより充実したものになっていくのです。

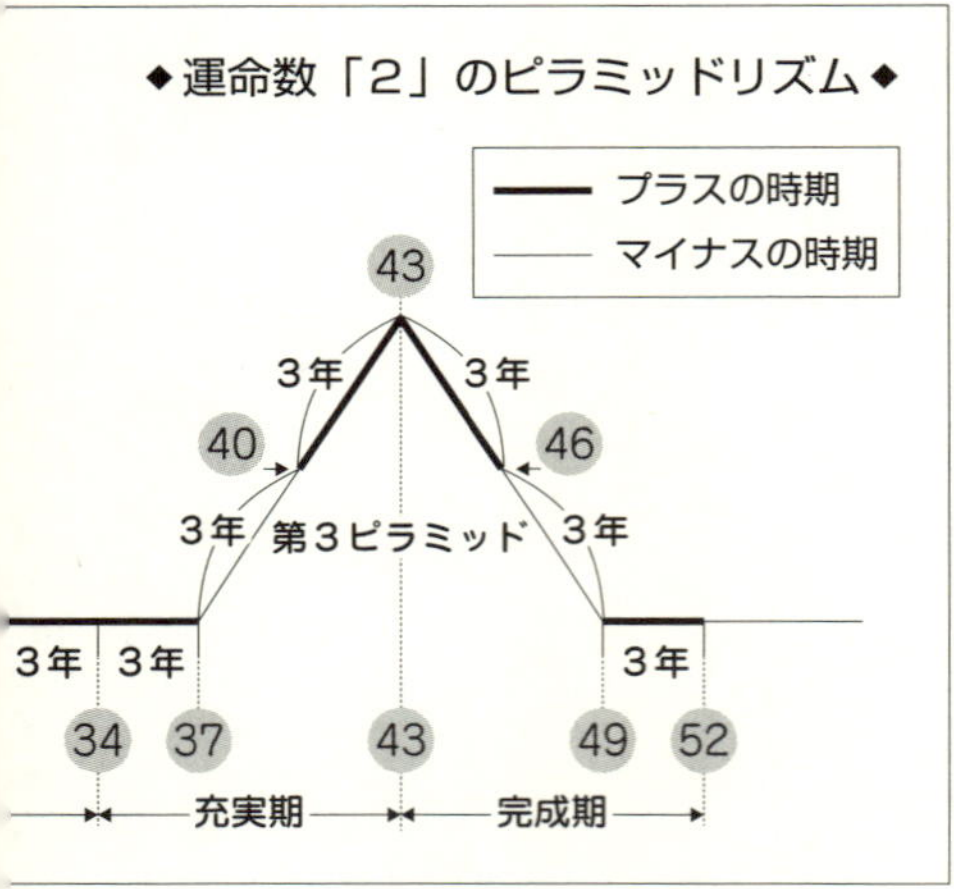

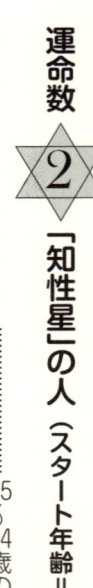

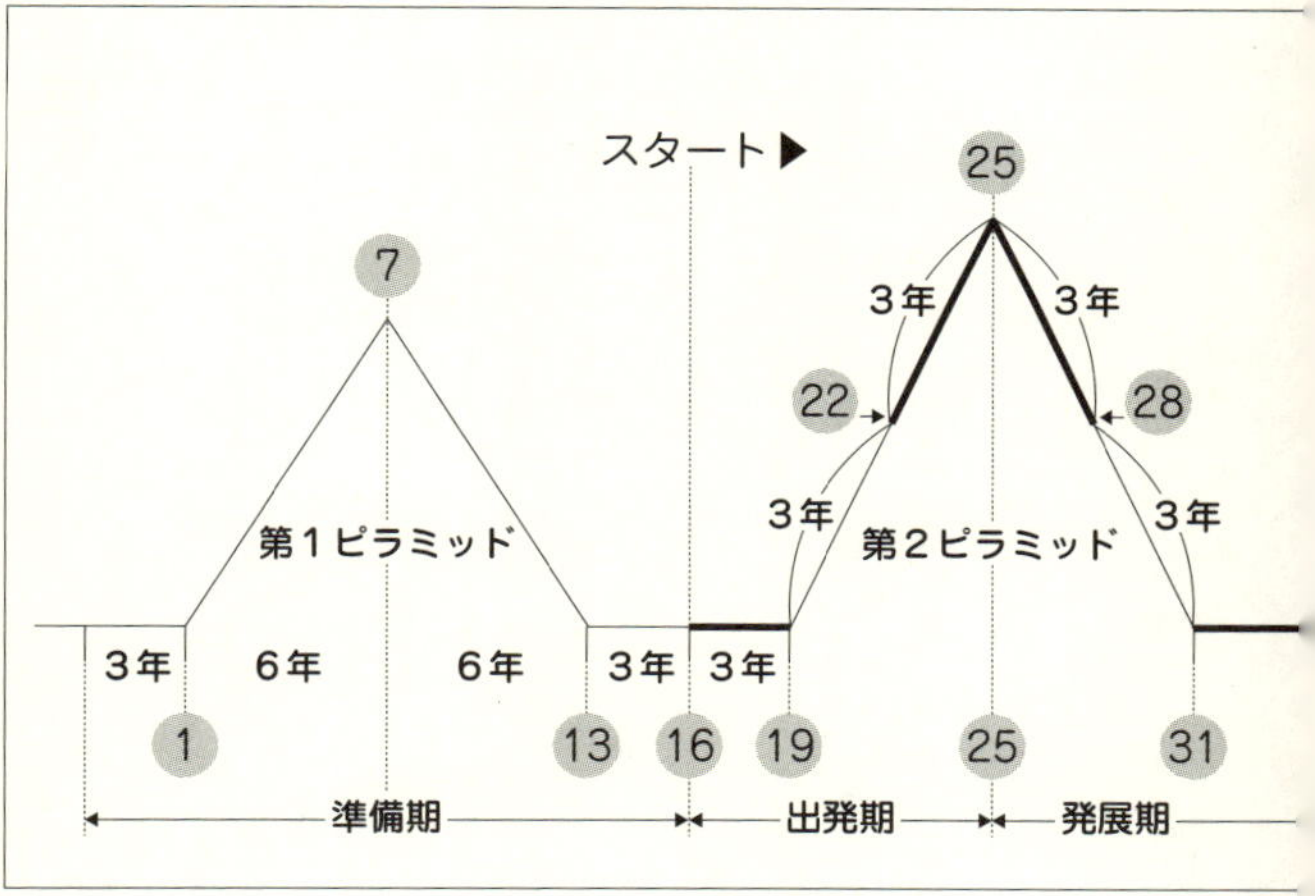

【準備期】

子どもの頃から「大人の雰囲気」を持っています。いわゆる子どもらしくない子ども。独創性や発想力といった「運命数2」の人特有の豊かな才能は、すでにこの時期から姿を現しはじめます。興味の対象が同年代の友人とは違うことから、かなり年上の友人、知人とつき合うケースもあります。幼くして、大人の世界を見てしまう早熟な面がありますが、それは後の人生で大きく役立つことにもなります。

【出発期・発展期】

「運命数2」の人は、他の運命数の人よりも比較的早く16歳でスタートを迎えます。若いときから、明確な「人生の目標」を持って努力するということが、「運命数2」の人にとっては重要なのです。

第2ピラミッドの22歳から28歳になるまでの6年間は、**新しいものを作り出そうとする意欲にあふれ、パワーが満ちるとき**です。ここで臆病にならなければ、自分の発想が実現する可能性は大変高くなります。

「運命数2」の人は、とにかくチャンスが来たと思ったときには、臆せずに行動すること。ナイーブで傷つきやすい心の裏には、パワフルなものが潜んでいると信じて、大胆に行くことです。**才能もアイデアも豊かなのですから、思いきって行動すれば、さらによい運を招き入れることができます。**

【充実期〜完成期】

富を手にする可能性が高いのは、第3ピラミッドの頂点である43歳のときです。

【充実期】より【完成期】にチャンスがめぐってくるのが「運命数2」の人の特徴です。しかし、株や投機的なものには向いていないので、手を出すときにはくれぐれも慎重に。

34歳からはじまる【充実期】に入ったら、不動産購入など安定したもので財産をつくるように心がけるといいでしょう。ローリスクの手堅い方法でお金を貯めるようにすると、結果として巨万の富につながることになる不思議な金運の持ち主です。

基本的にはお金に不自由しない一生ですが、28歳から31歳までの3年間、37歳から40歳までの3年間、そして46歳から49歳までの3年間は金銭トラブルに巻き込まれやすくなります。お金の貸し借りはできればしないほうがいいでしょう。

また、マイナスの時期には自分の発想が否定されると自信を失ってしまいがちですが、ここで悲観的にならなければ乗り切れます。

【完成期】を迎えたら、それ以降は、穏やかな毎日を楽しむ生活を送ります。引退後に何か新たな仕事にチャレンジしようとしても、なかなか思うようにはいかないので、趣味程度にとどめておくこと。

収入を増やそう、成功しようと思わないほうがかえってうまくいきます。それよりも、これまでやりたくてもできなかったような趣味に興じるほうが、精神的な豊かさを覚えて、満ち足りるはずです。

運命数3「発展星」の人（スタート年齢＝33歳）

……良くも悪くも3で割り切れる年齢のときに大きな変化が！

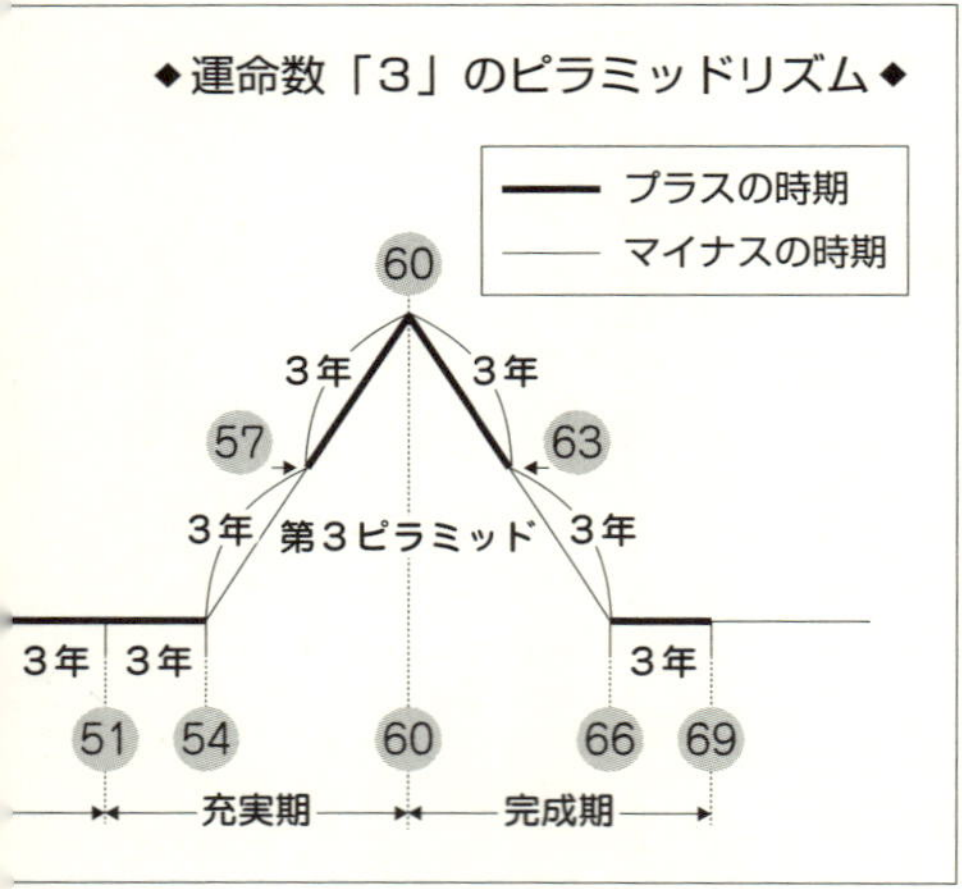

「運命数3」の人の特徴は、3で割り切れる年齢のときに大きな変化が訪れることです。

とくに、**33歳の年は、女性にとっても男性にとっても、人生の大変動期となります。**プラスの意味でも、マイナスの意味でも、人生を左右するような変化が見られる1年です。ここで辛酸をなめたような人は、60歳を過ぎたときに再び大きな発展を見せます。

また33歳の年だけでなく、「運命数

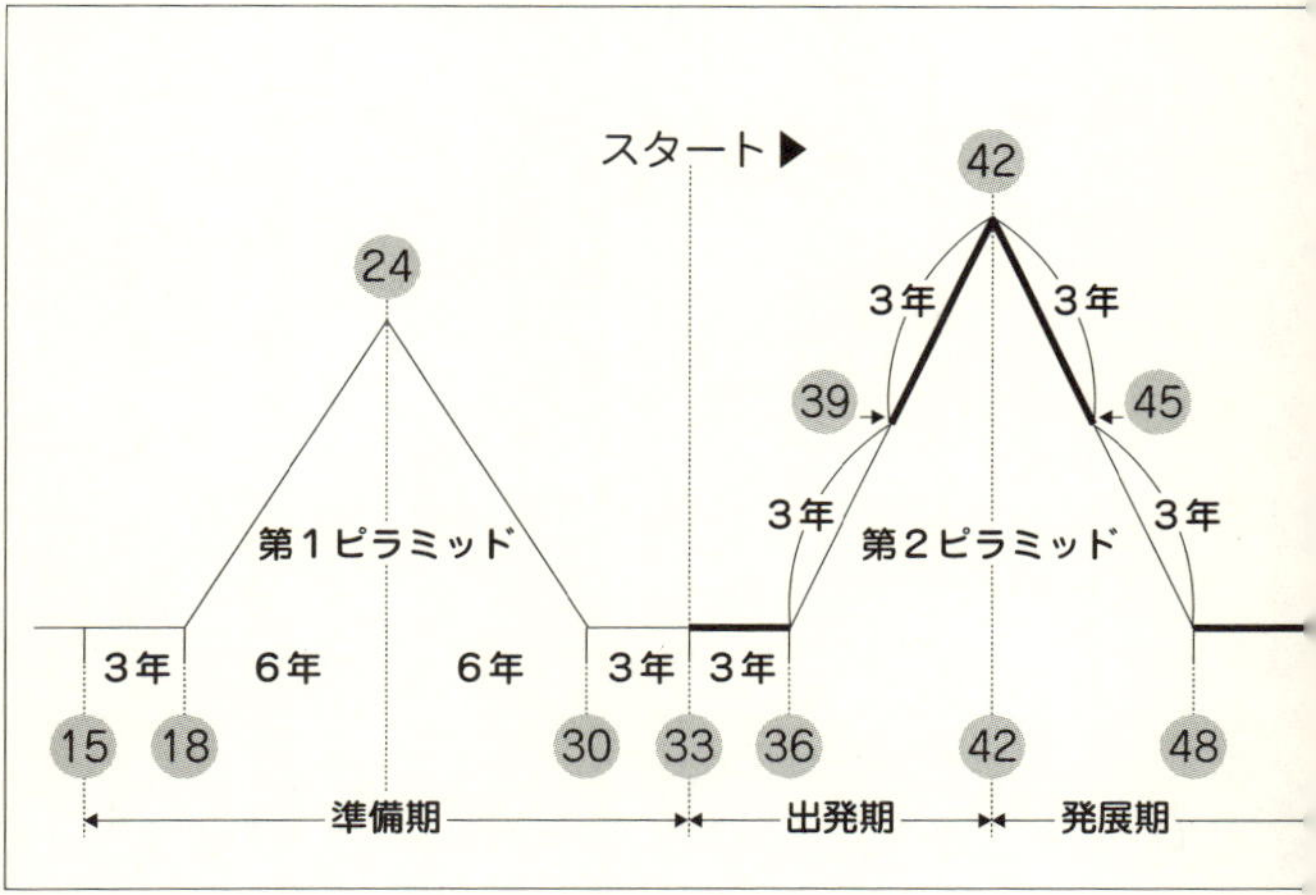

3」の人は、一般に厄年といわれるときにこそチャンスをつかむ傾向があります。

トラブルに見舞われても、運を上げてくれるような協力者に出会えるなど、問題解決後は、さらなる飛躍を遂げたりするケースが多いのです。

【準備期】

小さな頃からいわゆるエリートコースを歩む人が多く、いろいろな自分の可能性を探して、あらゆる分野に関心を持ち、自己研鑽《けんさん》に励む知的好奇心にあふれています。**このときに探し求めて身につけたことは、将来の土台となって、自分を支え続けてくれます。**

強運に恵まれますが、環境に甘んじて

努力を怠ると、33歳に訪れる最大のチャンスを逃すだけでなく、自分にとってマイナスな道を選ぶ可能性が高くなってしまうので、注意しましょう。

【出発期・発展期】

この時期に飛び抜けた出世をする人も少なくありません。その節目となるのも、やはり33歳です。いかなる状況のときも自分の可能性を信じて、あきらめずに努力を重ねることが、成功への鍵となります。

また33歳でチャンスをつかむのがベストですが、それを逃しても、第2ピラミッドの頂点であり、【発展期】のはじまりとなる**42歳に人生の転機が訪れます。**42歳で得たチャンスを的確に利用できれば、45歳までの3年間で、人生をプラス方向へ変えることができます。

【充実期・完成期】

最後のチャンスは第3ピラミッドの頂点で、【完成期】のはじまりとなる60歳。**人生、まだまだこれからという姿勢で過ごすと、人生に劇的な変化が訪れます。**

ただ36歳から39歳までの3年間と、45歳から48歳までの3年間、そして54歳から57歳までの3年間は、自分の目標や夢が見えなくなり、その結果、自堕落《じだらく》な生活に陥る人も少なくありません。こうなると成功への道が閉ざされるので、十分に注意することです。

若い時期に財を築く人もいますが、基本的には浪費家の傾向がありますので、マイナスの時期の金銭管理はとくに慎重さが必要です。

【完成期】以降は、若い時期にがんばった人ほど富に恵まれた日々を送ります。仕事もさらに脂がのって、これまでの積み重ねが功を奏して大成功、というケースも多々みられます。そして若い頃から多くのことを吸収してきた人であれば、この時期に新しいことをはじめてもうまくいきます。**これまでの自分の研鑽を誇りに思うことで、さらに強運をつかめます。**

老後は大変穏やかに過ごせ、典型的な長寿タイプといえるほど、健康にも恵まれ、十分に幸せな老後を楽しめます。

運命数4「基礎星」の人（スタート年齢＝32歳）

32歳まではグッと我慢。地道な努力が実を結ぶ〝大器晩成型〟

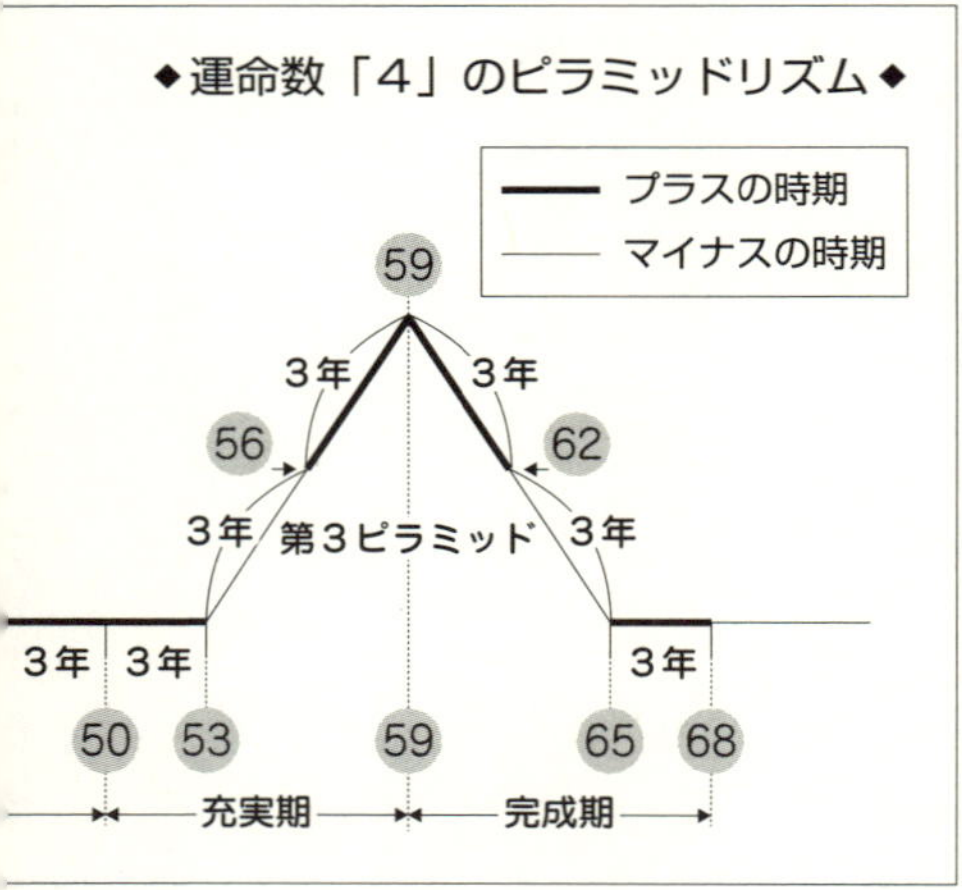

「運命数4」の人はひと言でいうと、**着実に努力を積み重ねて最終的に成功する人です。**いきなり状況が好転することはありません。このことを踏まえて物事にあたると、マイナスの時期に入ってしまっても、大きく構えて乗り越えられます。

目標達成は、自分にとって一番よいタイミングでやってきますので、そのときまで希望を持ちながら、うまずたゆまず進むことです。

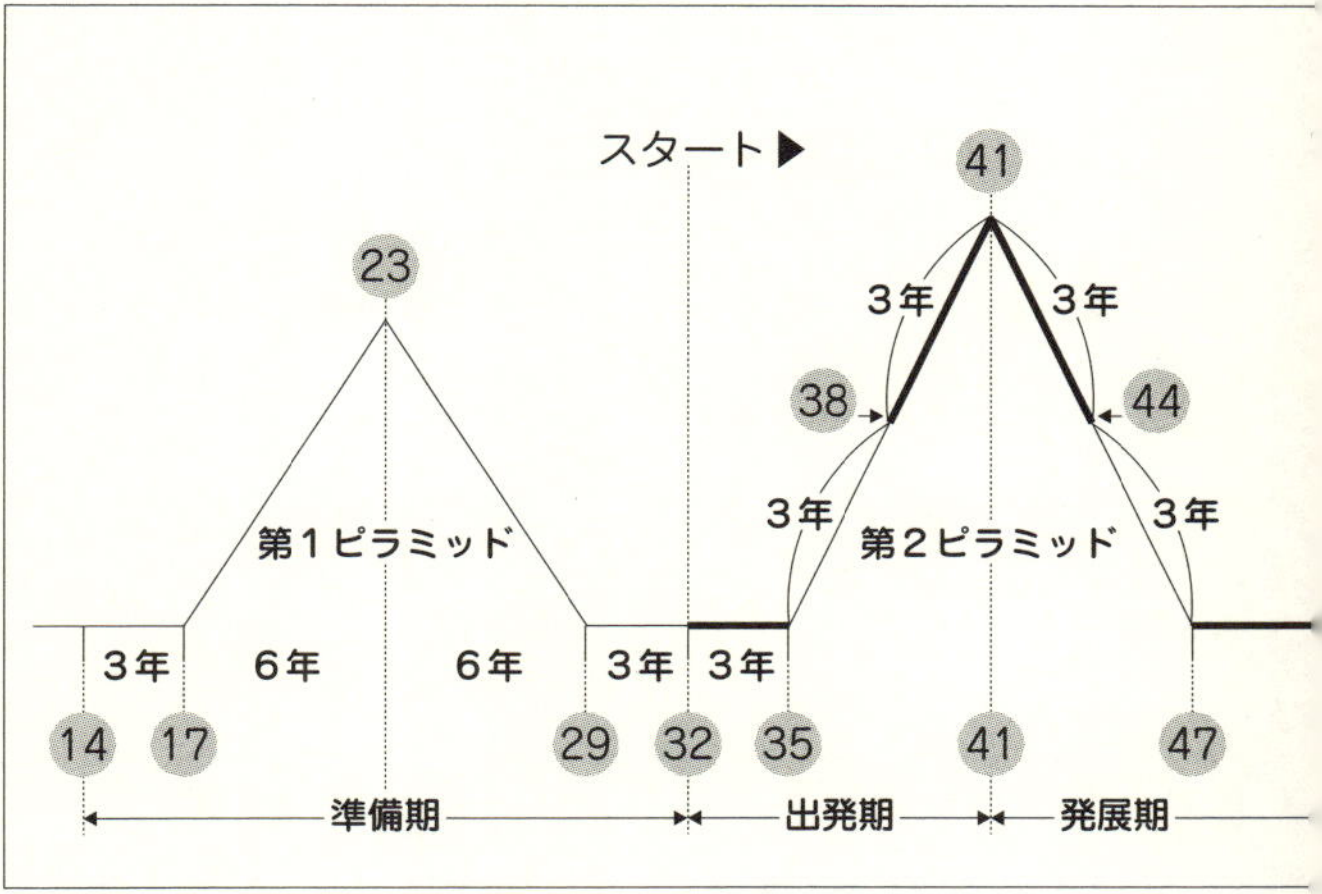

【準備期】

32歳で【出発期】がはじまるまではあまり運に恵まれず、回り道をしている感覚に陥ることが多いでしょう。

ただ、「運命数4」の人は総じて勤勉で堅実な性格であり、**この時期の回り道は、決して無駄ではありません。**不遇の時期の努力と忍耐によって道が開けていくケースが多いのです。このときに十分に力を蓄えておくと、【完成期】での収穫がより大きなものとなります。

【出発期・発展期】

若さを過信し、不摂生をしがちなところがあります。この時期に自分の体を大切にしないと、一生にわたって病と縁が切れなくなることも。健康を心がけましょう。

32歳でスタートを迎えたら、とにかくすべてにおいて基礎固めをしてください。**仕事の基盤を作ったり、生涯の友人を見つけるなど、今後の人生を支えていく確かなものを確立することです。**

第2ピラミッドの頂点で、【発展期】のはじまりとなる41歳からの3年間は、**心の中であたためてきたことを実行する勝負のとき**です。転職、転居など、環境がガラリと変わるような思い切った行動に出るのによい時期です。

ただしこの直前である、【出発期】の終わりにあたる38歳から41歳までの3年間は決して気を抜かないこと。目標実現へのプロセスを意識し、常にチャンスをうかがう気持ちでいることです。なお、このときに勝負ができなかった場合、もしくは思い通りに事が運ばなかったときは、一度計画を白紙に戻すことです。リセットすることで、もっと自分にふさわしい目標が見えてきます。

また、この38歳から41歳までの3年間と、【充実期】の53歳から56歳までの3年間は対人関係に注意。このとき有能な仕事仲間や友人を失うことになると、人を信じることができなくなり、人生そのものに挫折する可能性が高いのです。

【充実期・完成期】

莫大な富をつかむチャンスはそれほど多くはありませんが、堅実に物事にあたれば確実に富は集まってきます。「運命数4」の人は、とにかく目先の利益にとらわれないことが肝要。**奉仕活動を行なうと、そこから富をつかむアイデアが浮かぶことも。**58歳、59歳の【充実期】の終わりに、これまでとはガラリと趣の変わった仕事と出会う可能性もあります。

【完成期】以降は、仕事で新たな成功をおさめたり、また、家族の中で成功者が出たり、長く取り組んできた分野で表彰されるようなことがあったりと、次々に喜ばしい出来事が起こります。

健康にも恵まれるので、年を重ねても元気に動き回れます。心も体も若さを保つことができるでしょう。

昔の趣味を復活させるのも幸運を呼びます。新たな出会いや、さらなる富を呼び込むことにもなります。その道のプロとして、アドバイスを求められるような存在になる人も多いでしょう。

運命数５「行動星」の人（スタート年齢＝31歳）

……………22歳、40歳、58歳は、大金を手に入れるチャンス！

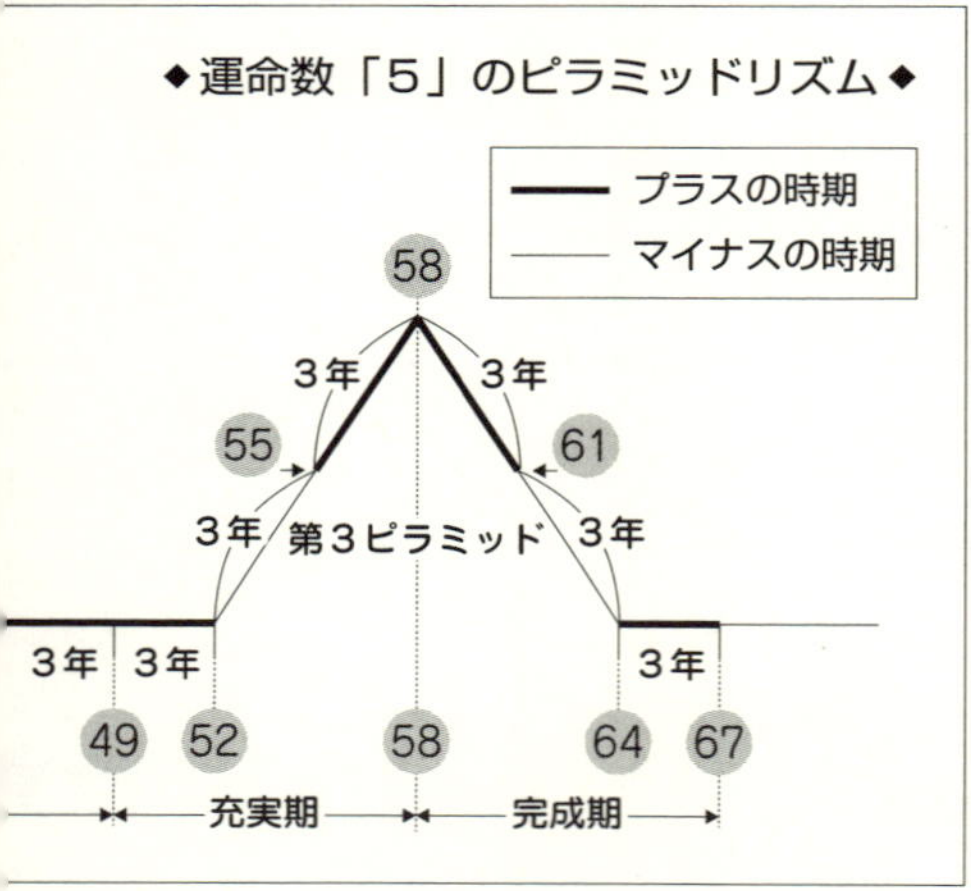

「運命数５」の人も、どちらかといえば大器晩成型ですが、一方で、【出発期】がはじまるまでの第1ピラミッドの時点で、それなりの成功をおさめてしまうタイプもいます。

【準備期】

第1ピラミッドの時期は、とにかく、失敗を恐れず**チャレンジ精神第一で進むこと**です。

22歳の頂点を目指して、自分の好きなこと、興味のあることをいくつでも、ま

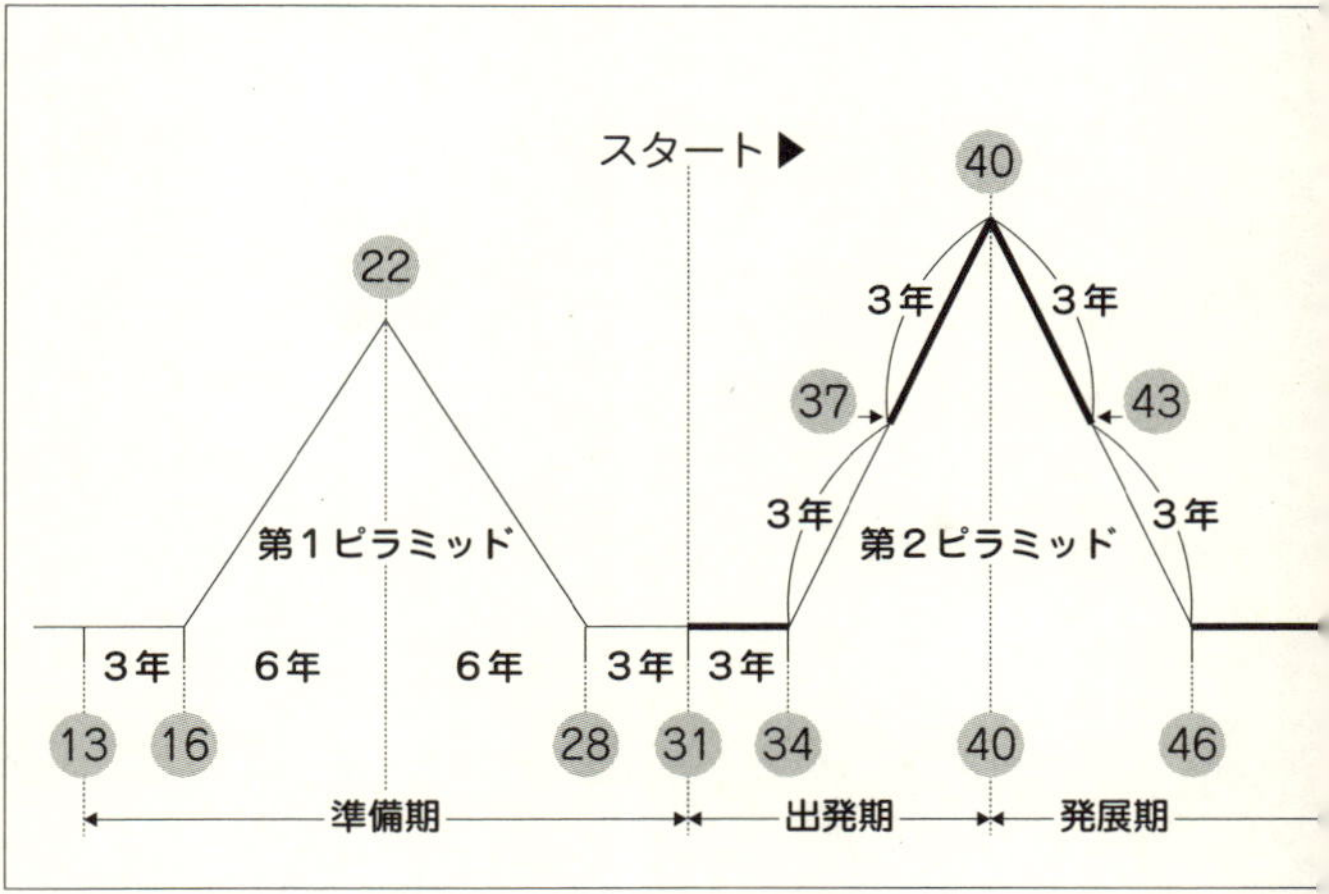

た何度でもとことんトライして、追求していく姿勢が今後のチャンスに結びつくでしょう。

【出発期・発展期】

31歳からはじまる第2ピラミッドは、【出発期】から、**自分の実力を磨くことを第一に念頭におくこと。**あれこれ考えるより前に実行に移すという姿勢が肝要です。世間や周囲の目を気にせずに進めばうまくいきます。

ただし、【出発期】の34歳から37歳までの3年間と、【発展期】の43歳から46歳までの3年間は要注意。スランプに陥りやすく、それにより苦しむことも。しかし、その際も、責任を放棄せず、誠意を持って事にあたれば、難を逃れることができます。

【充実期・完成期】

成功への可能性がもっとも高いのは、【充実期】がはじまる49歳から52歳までの3年間。さまざまなことで才能を発揮しますが、もっとも自信のあるもので勝負をすれば、第3ピラミッドでより高いポジションに到達できます。

ただ、うまくいった人ほど注意しなければなりません。49歳からの3年間で得た栄光に天狗《てんぐ》になったり、努力を怠ると、寂しい晩年を迎えることになってしまいます。

「運命数5」の人は金銭に関してはルーズな傾向がありますので、第1ピラミッドで金銭的な成功をおさめた場合は、管理を信頼できる人にまかせたほうがよいでしょう。気づかないうちにお金がすべてなくなっていたという事態になりかねません。

しかし、**それぞれのピラミッドの頂点は、富を手にするチャンス**でもあります。ここで成功するためには、リスクに対する検証をしっかりしてから勝負をしましょう。

ひとつ注意していただきたいのは、「運命数5」の人にとって【完成期】の前の**55歳から58歳の3年間は大変動期**です。このときに予期しないトラブルに巻き込まれたり、大打撃を受けることが多いので、油断は禁物です。

【完成期】を迎えると、「運命数5」の人にはさらに実りのときがやってきます。**人生の本当の目的が果たされるのはこの時期**なのです。

このときになってはじめて、隠れていた才能が見出され、成功をおさめる人も続々と出てきます。【完成期】前に精進を重ねた人ほど、経済的にも精神的にも豊かな日々を送ることができます。

【完成期】以降は安定している運なので、**冒険心や好奇心を失わず、積極的に思ったことをやってみると、面白い晩年になります**。人生でもっともハイペースに活動しているのはこの時期、という人も珍しくありません。

副業を持つ人も出てきますが、この場合は、自分にもっとも合っている仕事はどれなのかを判断できるかどうかが、成功への鍵となります。

運命数 6 「調和星」の人（スタート年齢＝30歳）

……42～45歳で新境地。ガラリと人生が変わる可能性！

◆運命数「6」のピラミッドリズム◆

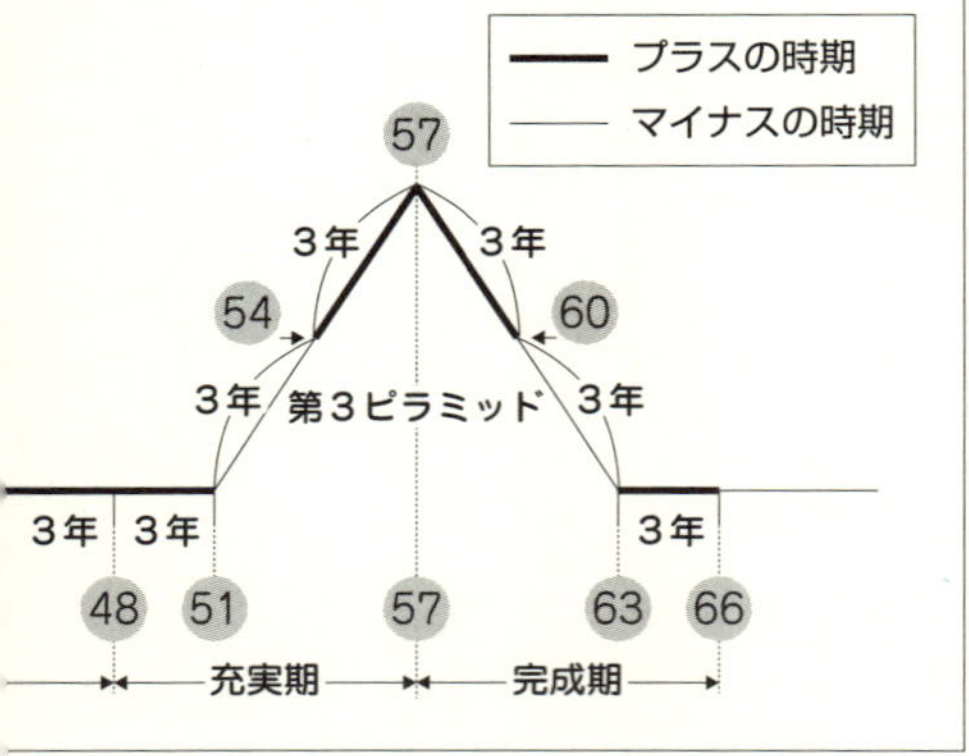

「運命数6」の人の特徴は、ピラミッドの上り坂（＝上昇期）よりも、下り坂（＝下降期）のときこそ才覚を発揮し、成功へのきっかけをつかむ傾向があるということです。

気配り上手で、バランス感覚に長けているため、マイナスの時期であっても、勇気を持って攻めれば吉と出ます。

【準備期】

第1ピラミッドで成功をおさめる早熟な人も少なくありません。不遇な目に遭

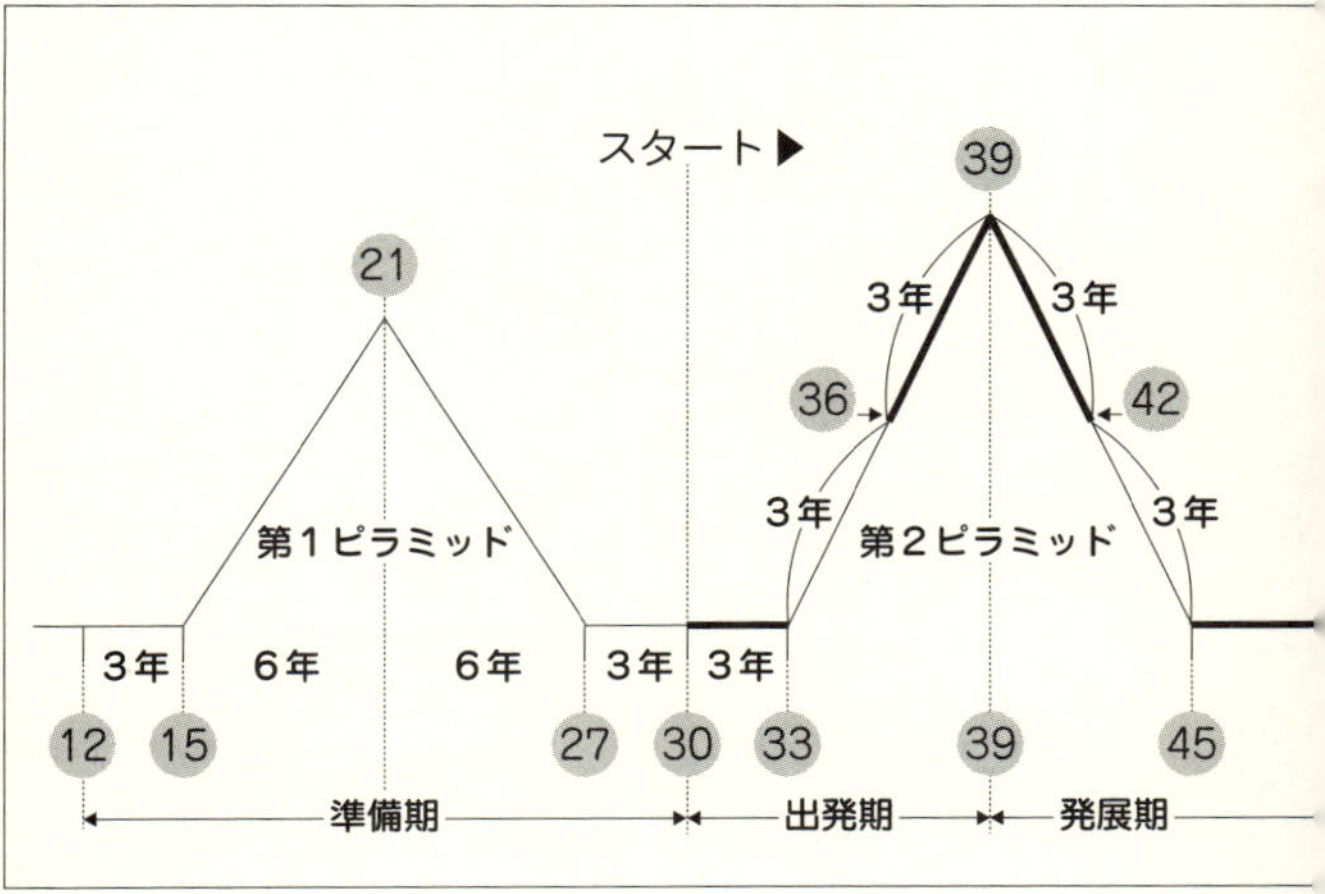

うこともありますが、それは自分のことよりも他人を優先してしまう奉仕の精神が強いため、チャンスをたびたび逃してしまうからです。しかし、反対にその誠実さを買われ、**人の引き立てで大きなチャンスをつかみ、成功する**場合も多いでしょう。

【出発期・発展期】

その傾向が如実に出るのが、30歳から39歳までの【出発期】のときです。**人の口添えで、物事がスムーズに進みます。**また目上の人から見込まれて、思わぬ大抜擢《ばってき》をされる人も。このとき謙虚でいればいるほど、人は喜んで手を貸してくれます。

また、**【発展期】の42歳から45歳にかけては、仕事で新境地が開けたり、ガラリと環境が変わる可能性があります。**これまでの価値観を捨てなければならない場合もありますが、うまく順応できるので心配はいりません。この時期は、本来ならばマイナス時期で守りのときなのですが、攻めのタイミングがあれば勝負していいでしょう。「運命数6」の人は、マイナスの時期にその個性が発揮され、成功を手にする可能性が高いのです。

【充実期・完成期】

また【充実期】の52歳前後でも、漠然と夢見ていたことが具体的に実現する可能性があります。**とても手が届かないと思っていたものも手に入るでしょう。**

このような兆《きざ》しが見えたら、多少困難を感じたとしても、躊躇《ちゅうちょ》することなく一気に進んでください。己の欲求のおもむくままに進めば、必ず望み通りの展開になります。

なお、健康に不安がある場合は、遅くとも【充実期】のうちにしっかりと治しておきましょう。ここで治療しておかないと、その後不調に苦しめられる可能性も。【充実期】は健康運にも恵まれているときなので、この時期に出会った健康法は一生の宝になります。

　金銭運は、**第1ピラミッドから第3ピラミッドのそれぞれの頂点の時期に、大きなチャンス**が訪れます。ここで大金を手にすることも多いのですが、非常に慎重なため、無駄遣いはしません。ただし、マイナスの時期には、多少財布のひもをゆるめて暮らしましょう。とくに【完成期】でお金に対して口うるさくなると、かえって金運を悪くしてしまいます。

【完成期】以降も、運気は枯れることを知りません。だいたいこのあたりで落ち着くなと思っても、さらに新しい人生が開けます。終わりに近づくにつれ、若い頃にはなかった知恵やパワーが生まれてくるから不思議です。

　思ってもみなかったような趣味に夢中になり、充実したプライベートを送るケースも多くあります。また、60歳を過ぎた頃に、新しい恋と出会うチャンスもあります。晩年は、とくに人間関係を楽しむように心がけると、人生の喜びが深まります。

運命数 7 「完全星」の人（スタート＝29歳）

……20歳のときに人生を左右する〝運命の出会い〟！

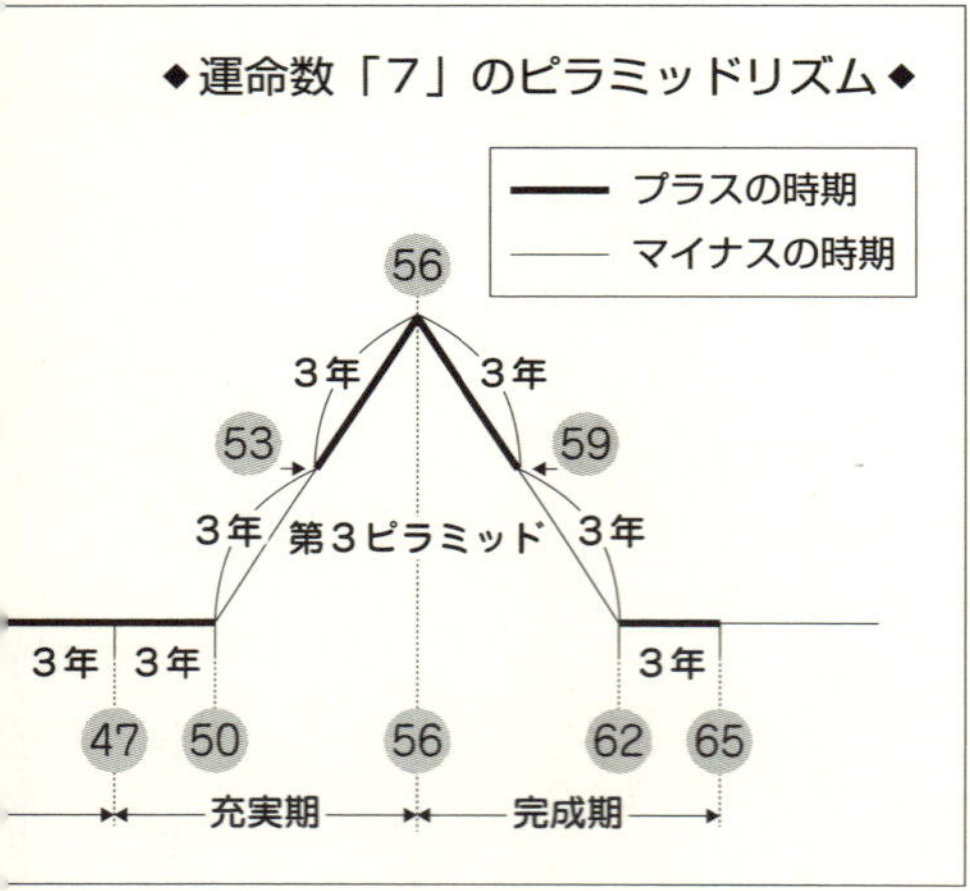

「運命数7」の人の特徴は、成功への最初の大きなチャンスが他のどの「運命数」よりも早く、第1ピラミッドの20歳の頃に訪れるということ。**20歳直後の1年間で、人生が決まってしまうほどの大きな出会いがあります。**一生の職業や、パートナーが決まる人もいるでしょう。

【準備期】

人間関係や環境が大きく変化するときに、成長や成功の手がかりが見つかります。それを読みとること。やみくもに自

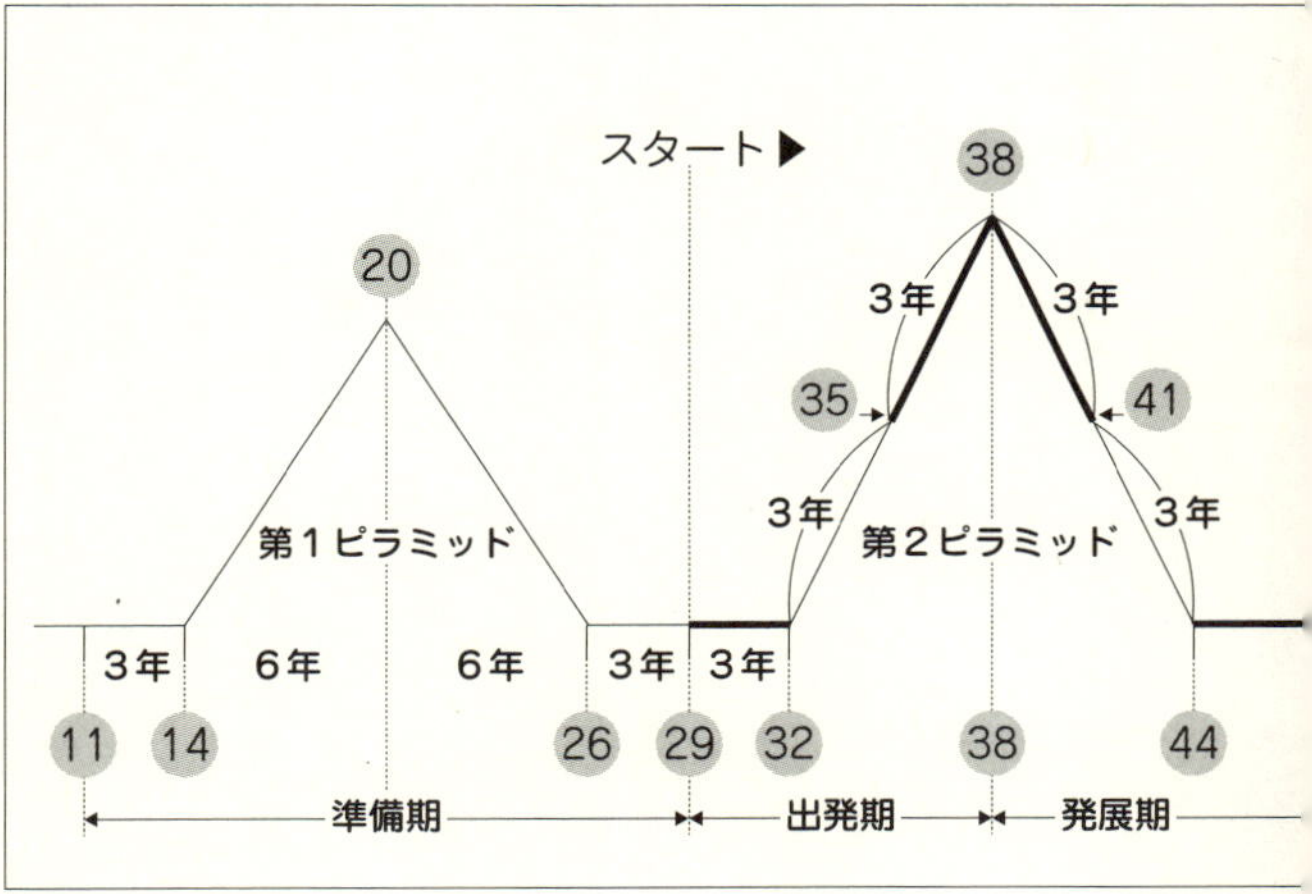

分探しをするよりも、ずっと早く成功に近づけます。

「運命数7」の人は、**思慮深く粘り強く、孤独を求める**傾向があります。気づかずに独善的な考え方をして他人を排除したり、攻撃的になったりするきらいがあります。しかし、むやみに相手に対して攻撃的になると、マイナスに作用する出会いを引き寄せる可能性が高くなってしまうので気をつけましょう。

また、運命を変えるのは人とは限らず、本であったり、音楽であったりすることも少なくありません。**良くも悪くも20歳の1年間が、一生を送るうえでのポイン**トになっていることを意識して、常にアンテナを高く、広く張っておきましょう。

【出発期・発展期】

20歳の出会いで運をつかんだ人は、この時期はよりいっそうの成長が期待できます。

反対に、20歳の出会いによって、状況がマイナスに転じていると感じたならば、挽回するチャンスは【出発期】の29歳から32歳までの3年間です。

この3年間で一度人生を振り返り、再スタートを切りましょう。人間関係を見直したり、新たな分野の勉強を始めることもよいでしょう。体調にも気を配り、心身の健康を保つことも大事です。

金銭に関しては欲がなく、流れにまかせがち。しかし、その「なければないで何とかやっていける」という感覚によって、富を遠ざけてしまうこともあります。

また、【発展期】では進路に迷いが出たり、いま取り組んでいることに疑問を抱きやすくなるときです。自分一人で解決しようとしても、時間が過ぎるだけ。人生の先輩などに素直に相談することが大切です。それにより展望が開けます。

【充実期・完成期】

47歳からの【充実期】には、今後の人生が豊かになるものとの出会いが増えます。

人はもちろんですが、文学や音楽など、生涯にわたって自分を支え、鼓舞してくれるものとめぐり合うでしょう。

この時期にあらゆるものへの価値観が変わる人も多いのですが、望ましいほうへ転じますので大丈夫です。

ただし、「運命数7」の人には、【充実期】から【完成期】にかけて、ライバルや反抗する人が出現する傾向があります。自分の行く手を阻むような振る舞いをする相手に、辟易とするかもしれません。しかし、それに負けないだけの力は十分にあるので無事に乗り越えられます。

【完成期】以降は、仕事もプライベートも思ったほどの充実感が得られにくくなるかもしれません。落ち込みを感じやすくなるときなので、楽天的に考えるように心がけること。この時期に人脈を広げようとすると、人から利用される恐れがあります。うまい話を持ちかけてくる人もいますが、必ず落とし穴があるので、相手にしないこと。性格が似ている友人とのつき合いが心を癒し、よい方向へと導いてくれます。

運命数8「支配星」の人（スタート＝28歳）

……28歳・37歳――人生の大転換期は二度やってくる！

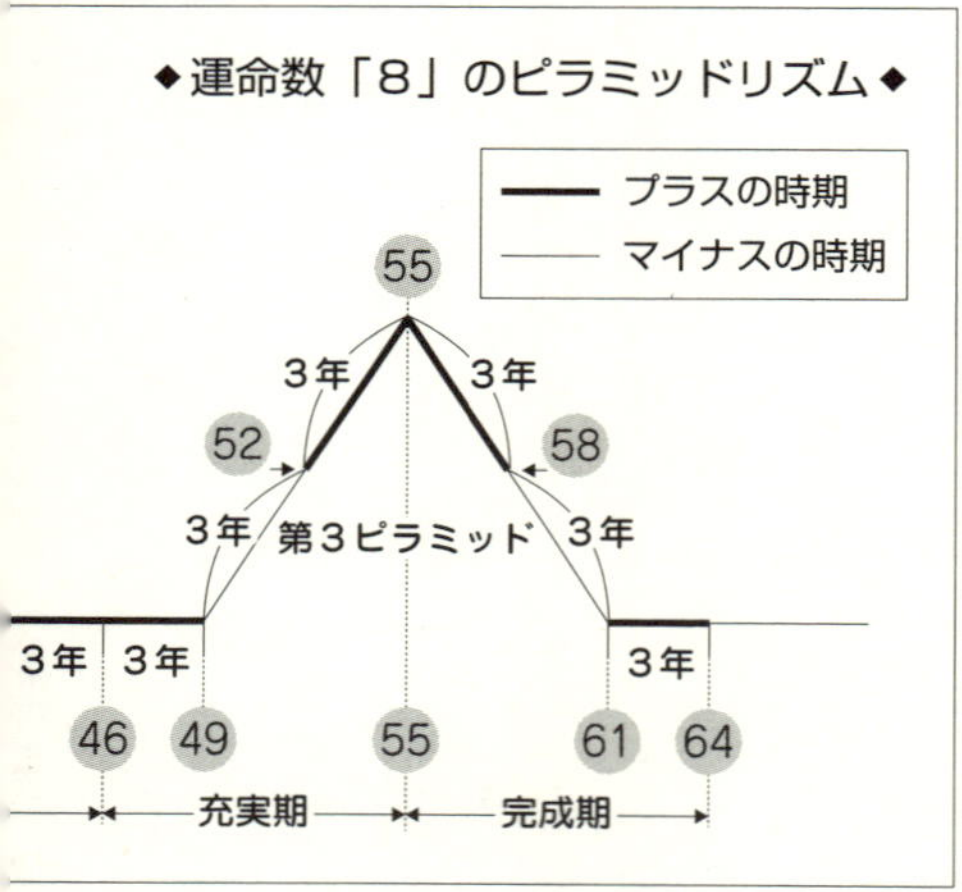

「運命数8」の人の特徴は、積極性がチャンスの呼び水になること。何事にも積極性を持ってあたりましょう。28歳では、とくに大きなチャンスに恵まれます。爆発的な力を発揮したり、周囲から厚い信頼を受けるなど人生を大成功へと導きます。

【準備期】

とにかく意識して「学びの時間」を持つことが大切です。それが将来への成功に結びつきます。とくに子ども時代に好

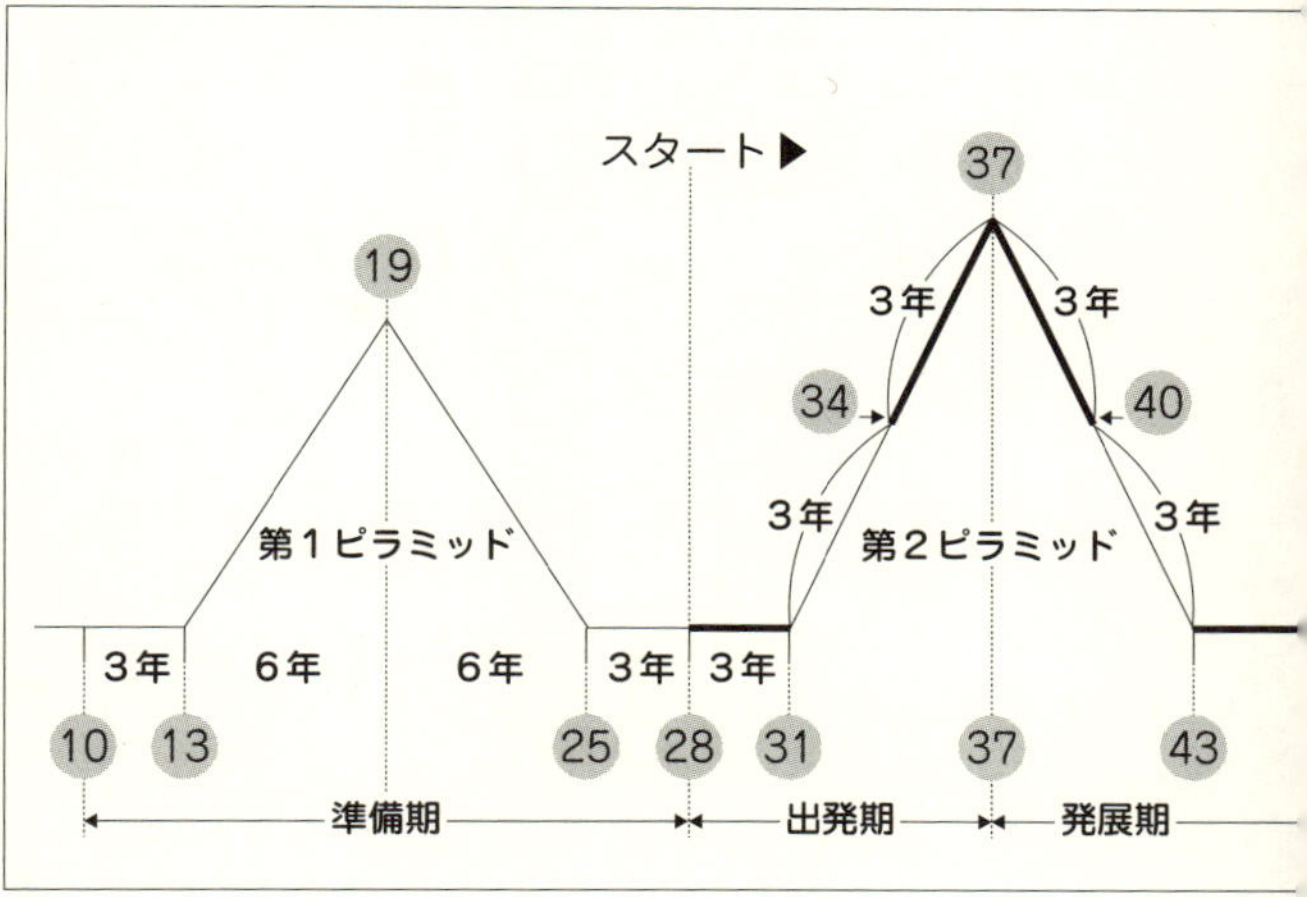

奇心のおもむくままに、いろいろな習い事や勉強をした人ほどよい結果が出ます。社会人になってからも、興味を持ったものはとことん調べたり、勉強会に参加するようにすると、その知識が【出発期】で大きく生かされます。

加えて28歳の時点で、しっかり健康状態を整えておくように。28歳を病弱に過ごしてしまうと、その後も健康状態がすぐれなくなってしまいます。

【出発期・発展期】

28歳の次は、第2ピラミッドの頂点である**37歳前後に人生の転換期**が訪れます。この転換期が、「運命数8」の人にとって最大のチャンスとなります。

注意すべきは【出発期】の中盤にあたる、31歳から34歳になるまでの3年間です。ここではすぐれた行動力を発揮できますが、慎重さに欠け大きなミスを繰り返してしまいやすいのです。ひと呼吸おいてから行動を起こすことが大切です。

また、37歳から40歳までの3年間もミスに注意。ついつい気を抜いて突っ走ってしまい、自滅してしまう人が実に多いのです。

「運命数8」の女性は、28歳の【出発期】はちょうど結婚という形のスタートであることが多いようです。しかし、「運命数8」の人にとってこの時期の結婚は、周囲から大反対されたり、自分にとって重大な決意をともなうものになります。

【発展期】の43歳から46歳までの3年間は、**脇目もふらずに突き進むパワーがみなぎるときです。**周囲の人も道を譲ってくれたり、協力してくれたりしますので、仕事でも確固たる地位を築くことができるでしょう。

【充実期・完成期】

金銭面では、第2ピラミッドの頂点である37歳と、第3ピラミッドの頂点である55歳と、二度の大きな勝負どころがあります。もともとギャンブルの才能があるので、投資などを試みるとよい結果が出ます。ただし、熱くなりすぎると凡ミスをしてしまいやすいので注意しましょう。常にクールな目を持っていることが大切です。

【充実期】の50歳前後は、ちょっとしたことで気が滅入るようになり、ストレスから体調を崩しやすくなるので、精神面のケアを十分に心がけるときです。自分をうまくコントロールし、常に安定した精神状態でいることがさらなる強運を呼びます。

なお【完成期】以降は、決して自分を過信しないように。車の運転なども、つとめて慎重にすることです。さらに大病のおそれがあります。くれぐれも体調管理を十分に、無理をすることのないように気をつけたいものです。

この時期は、それまでの仕事が一段と充実するときでもあります。苦労続きだった人も、この時期で必ず報われます。

運命数 9 「神秘星」の人（スタート＝27歳）

〝まるで別人〟!?　30歳を境に人生がガラリと変わる！

◆運命数「9」のピラミッドリズム◆

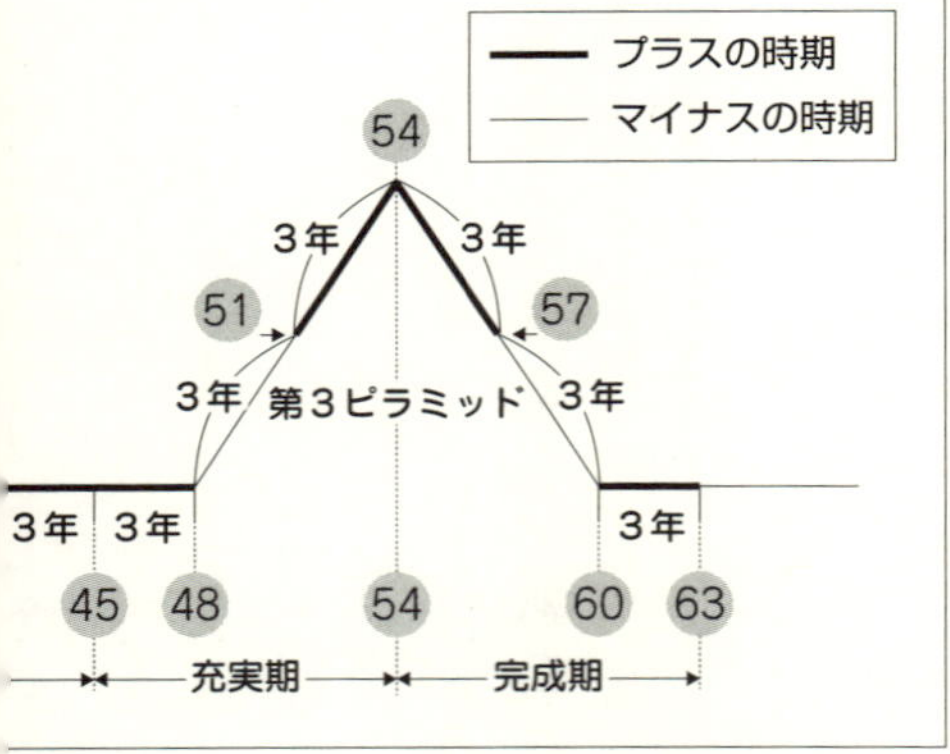

「運命数9」の人の特徴として、**一生を通じて、仕事や生活のスタイルが変化し続ける**ことがあげられます。

とくに第2ピラミッド【出発期】の序盤である**30歳は、重要な節目となります**。30歳を境に、人生が大きく変わる人も少なくないのです。

【準備期】

第1ピラミッドは大きな変化を迎える30歳までの、準備期間。自分の可能性を幅広く模索しながら人生の選択をすると、

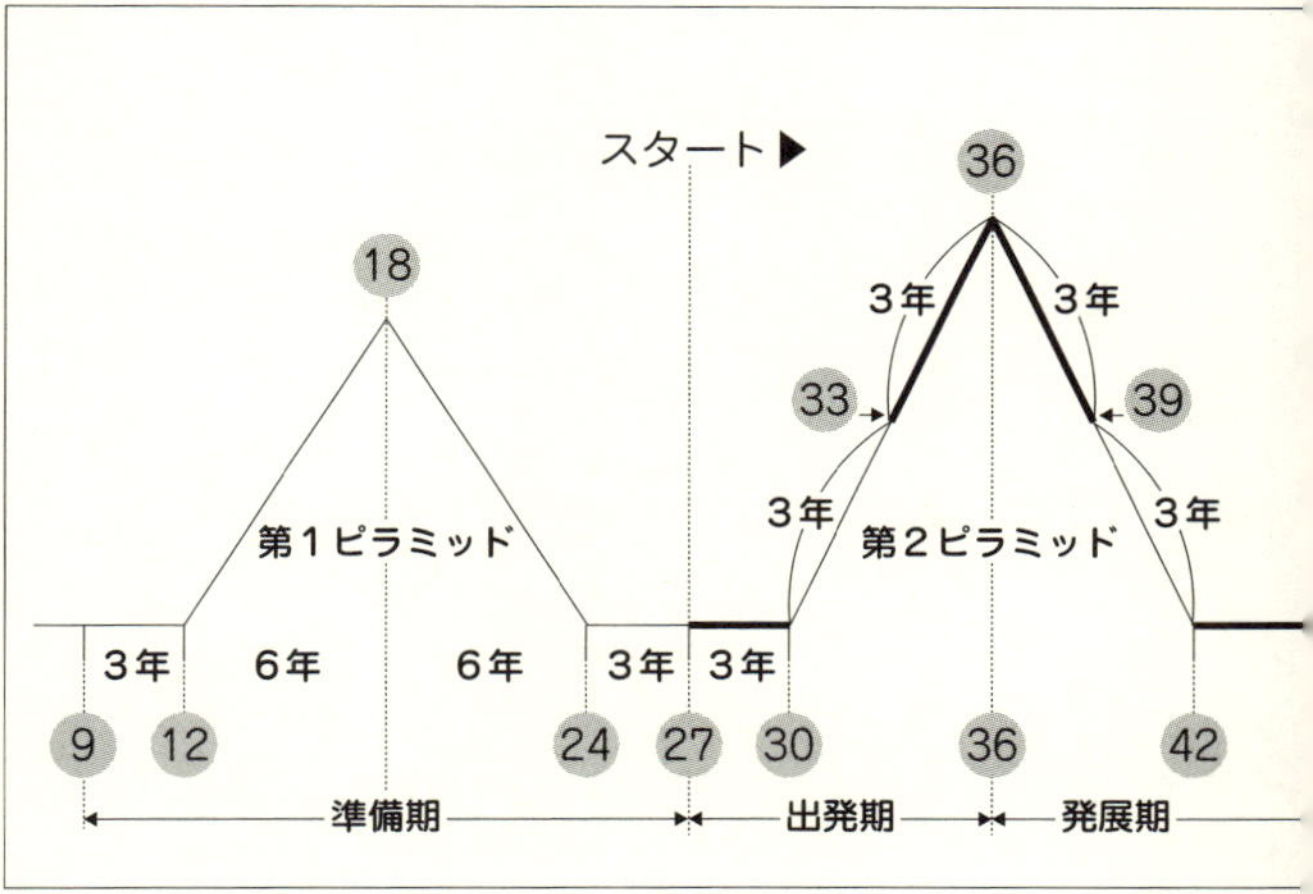

広い範囲でチャンスにめぐり合えます。

【出発期・発展期】

第2ピラミッドの【出発期】の序盤、27歳から30歳までの3年間は、恐れることなくさまざまな世界を経験するとよいでしょう。

とくに30歳までの1年間を、自分のやりたいことをとことんやると決めて過ごすと、思いがけないチャンスに出会えます。

また【出発期】の中盤以降には、第六感が鋭くなる傾向があります。虫の知らせにも敏感になるので、危険だと思う場所や人物は避けるのが正解です。**直感を信じて行動することが、さらなる幸運を**

招きます。

第2ピラミッドの頂点にあたる36歳から【発展期】に入ると、さらに視野が広がります。興味を持ったものには気軽に取り組んでみましょう。自分の性格やセンスを知っている友人からすすめられたものにトライすると、生涯の趣味になったり、サイドビジネスにつながったりと、大変よい結果になります。

【充実期・完成期】

【充実期】には、自分の利益にとらわれず、さらに自由に行動できるようになります。慈善活動に熱心になったり、困っている友人や知人を率先して助け、感謝されるでしょう。そうした活動が生きがいになり、幸せを感じることが多くなります。

【完成期】以降はさらに運が強くなり、よりドラマティックな出来事を経験したりします。精神的にも強く、たくましくなり、人を指導し、導く立場になる人も多く出てきます。晩年は家族たちからも大事にされ、周りの人間関係に悩むこともなく、穏やかに暮らせます。

ただ、健康面では四十代から五十代での不摂生がたたり、持病を抱えてしまうケースもあります。四十代、五十代をいかに健康に留意して過ごしたかで晩年の体調が決まることを覚えておいてください。

金銭的には無関心なタイプが多いですが、マイナスの時期に入ったら、金銭に対してはシビアな目を持つようにしたほうがよいでしょう。

前途した通り、「運命数9」の人は、仕事や生活の変化がはっきりと見えるタイプで、劇的なほどです。重要な節目に当たる30歳の他には、27歳、そして27歳から9を足した数の年に、物事が急激に発展するときです。大きな仕事や責任をまかされることが多いのです。

このときに、過去の失敗を気にして前に進めないような心境に襲われることもありますが、せっかくよい運を持っているのですから、いつまでもかつての過ちにとらわれないようにしたいもの。**「運命数9」の人が常に精神的な力強さを発揮し、運をさらに上げていくための重要な鍵は、結婚相手です。**パートナーには、同じ目標を持って、ともに歩んでいける人を選ぶとよいでしょう。

なお、「運命数9」の人は、マイナスの時期のときに受けるダメージは相当なものですが、その痛手から立ち直ったときには大変な強運を発揮します。

運命数 11 「革新星」の人（スタート＝25歳）

……34歳までにパートナーを見つけるのが、大きな富を得る近道

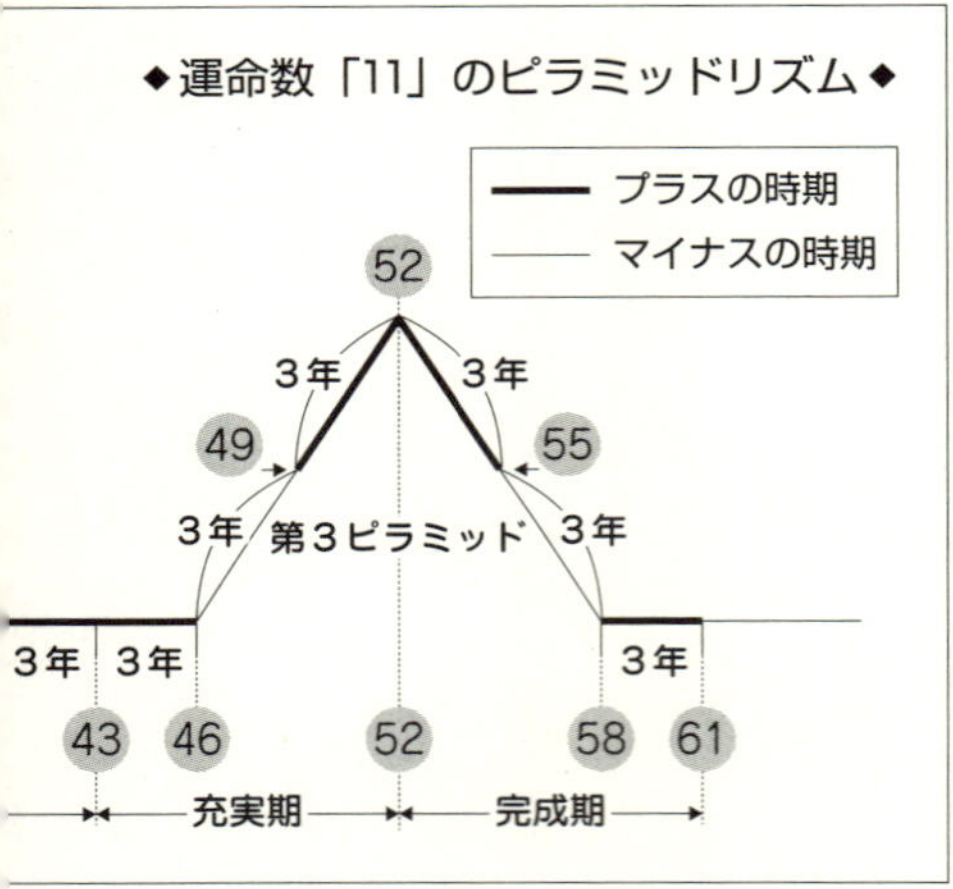

「運命数11」の人の特徴は、**現状に満足しないで常に進化し続ける力を持っていること。**革新的な人生を送ろうと試み、持ち前の運の強さで順調な歩みを見せます。

【準備期】

第1ピラミッドから人生がフル回転する可能性も高く、早熟で天才肌なため、**一気に成功への道をひた走ります。**

躍起《やっき》になって自分の道を模索しなくても、22歳あたりになると、自然に自分の

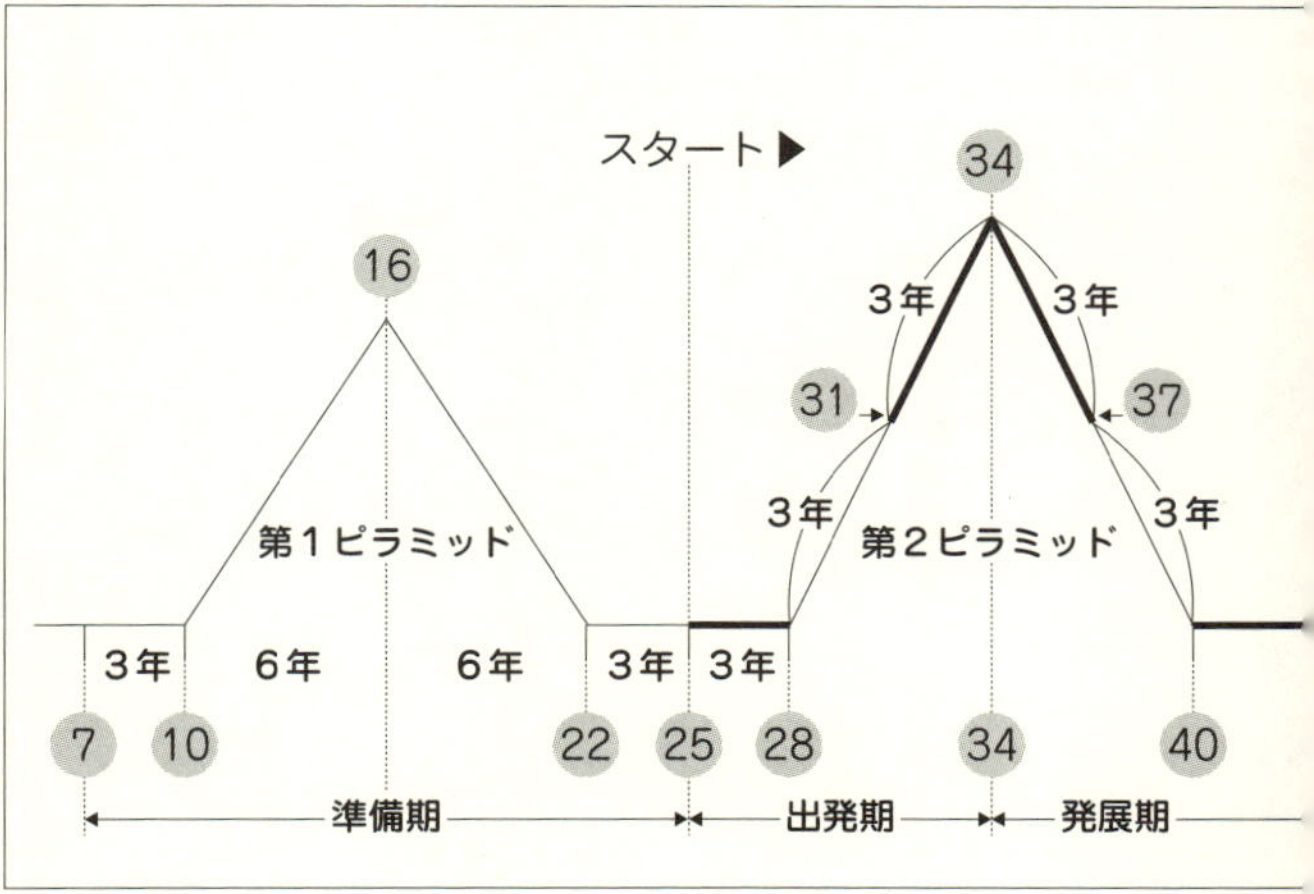

やるべきことが目の前に現れてきます。もしかしたらすぐには軌道に乗らないかもしれませんが、そこで焦ったり、あがいたりしないこと。結果にとらわれず、**淡々とやるべきことをこなしていれば、やがて大きな波に乗れます。**

【出発期・発展期】

後輩や下の立場の人の面倒をよく見るようにしましょう。また家族との時間も大切にし、絆を深めましょう。すると、ますます運が上がります。

さまざまな分野の人とつながりができるのも25歳からの【出発期】。**ここ一番という場面で声をかけられる、キーパーソンになれる**ときです。この時期に経験したことが、以降の人生の基盤になりますから、全力で向き合いましょう。

人間関係においては、一生を通して、自然に目の前に現れた人を大事にすることが開運の鍵です。理想のタイプにこだわって、探し求めたりすると、うまくいきません。

注意したいのは健康面です。精神が大変デリケートなので、消化器系のトラブルや偏頭痛に悩む人が多いのです。健康状態が不安になると、何事にもやる気をなくしてしまい、人づき合いまで悪くなってしまうので、「運命数11」の人はとくに日頃から運動をしたり食事に十分注意したりして、健康を心がけることです。

また、「運命数11」の人は第2ピラミッドの頂点であり、【発展期】がスタートする34歳の時点までには、信頼できるパートナーを見つけておきたいところです。**パートナーの力次第で、若くして成功と大きな富を得るチャンスを得られる**からです。

【発展期】は、それまで取り組んできたものが、一段とレベルアップするときです。職場で重要なポストに抜擢されたり、会社を設立するなど、これまでの努力が形になって現れます。

金銭的には、自然にまかせること。やりくりにはあまり向いていません。お金を残すことよりも、生活をエンジョイすることのほうに関心があるので、ここでも頼りになるパートナーの存在が重要になります。

【充実期・完成期】

【充実期】には、二足のわらじどころか、三足、四足と履きこなして活躍する傾向があります。しかも、まったく畑違いの仕事を同時にこなす器用さがあります。**カリスマ性があり、憧れの対象として見られる人も多くなります。**

「運命数11」の人は、【完成期】以降、晩年に入ってからも落ち着くことはありません。若い頃と同じように動き回るバイタリティーがあります。

生涯気持ちが老け込むことがないので、いつまでも物事に対して、新鮮な気持ちで向き合えます。意欲があり、素直にものを学ぶ気持ちがあるなら、新しい仕事をはじめても成功できます。

晩年も若い時期同様、人間関係はすこぶるよく、多くの友人に囲まれて、寂しさ知らずの毎日になります。若い人との交流も多く、刺激を受ける機会には事欠きません。これまで積み重ねてきた知識を、若い世代に伝える機会も多々あります。さらに異性との縁もあり、生きがいを覚えるような交際に発展するでしょう。

運命数22 「大幸運星」の人（スタート＝14歳）

成功へのスピードは最速！四十代で悠々リタイア組も!?

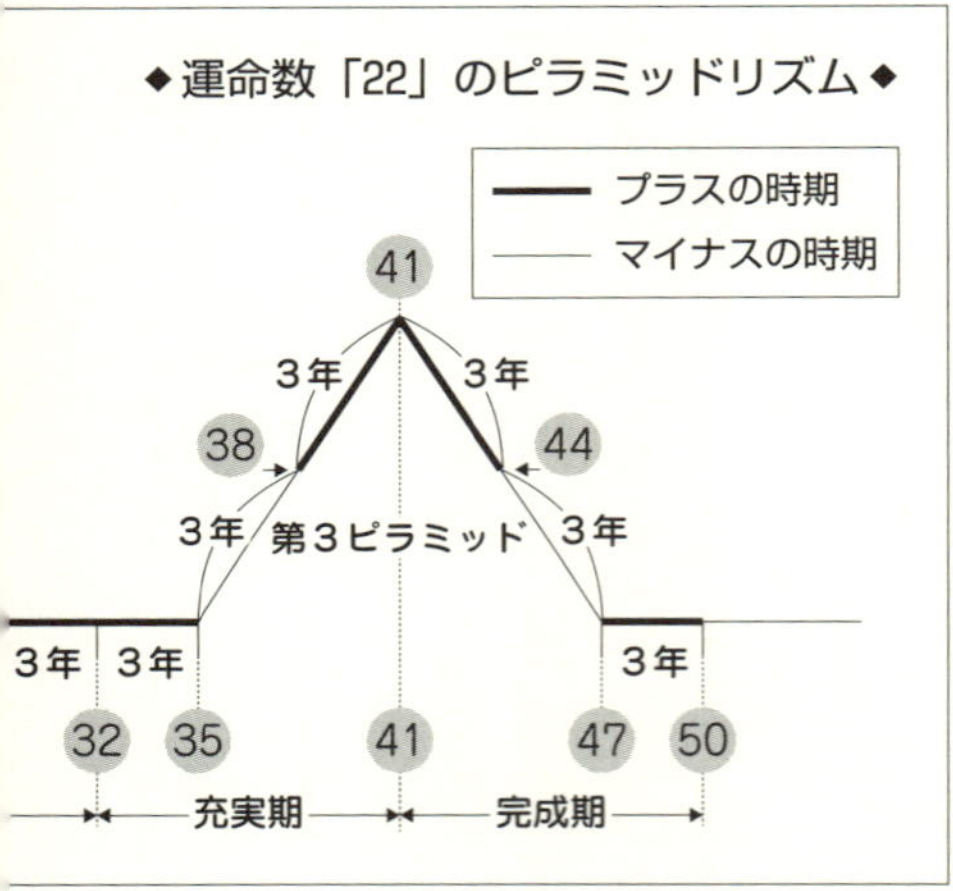

「運命数22」の人は、もっとも早い年齢でスタートを迎えます。**不運が避けて通るほどの強運の持ち主**なのが特徴です。成功へのスピードも速く、先輩や上司に引き立てられて、予期しない大きな成功をおさめる人も多いでしょう。

【準備期】

この時期の「運命数22」の人をひと言であらわすとしたら、**「人の運までも吸収してしまう子ども」**。この頃から、すでに幸運をつかむにはどう動いたらいい

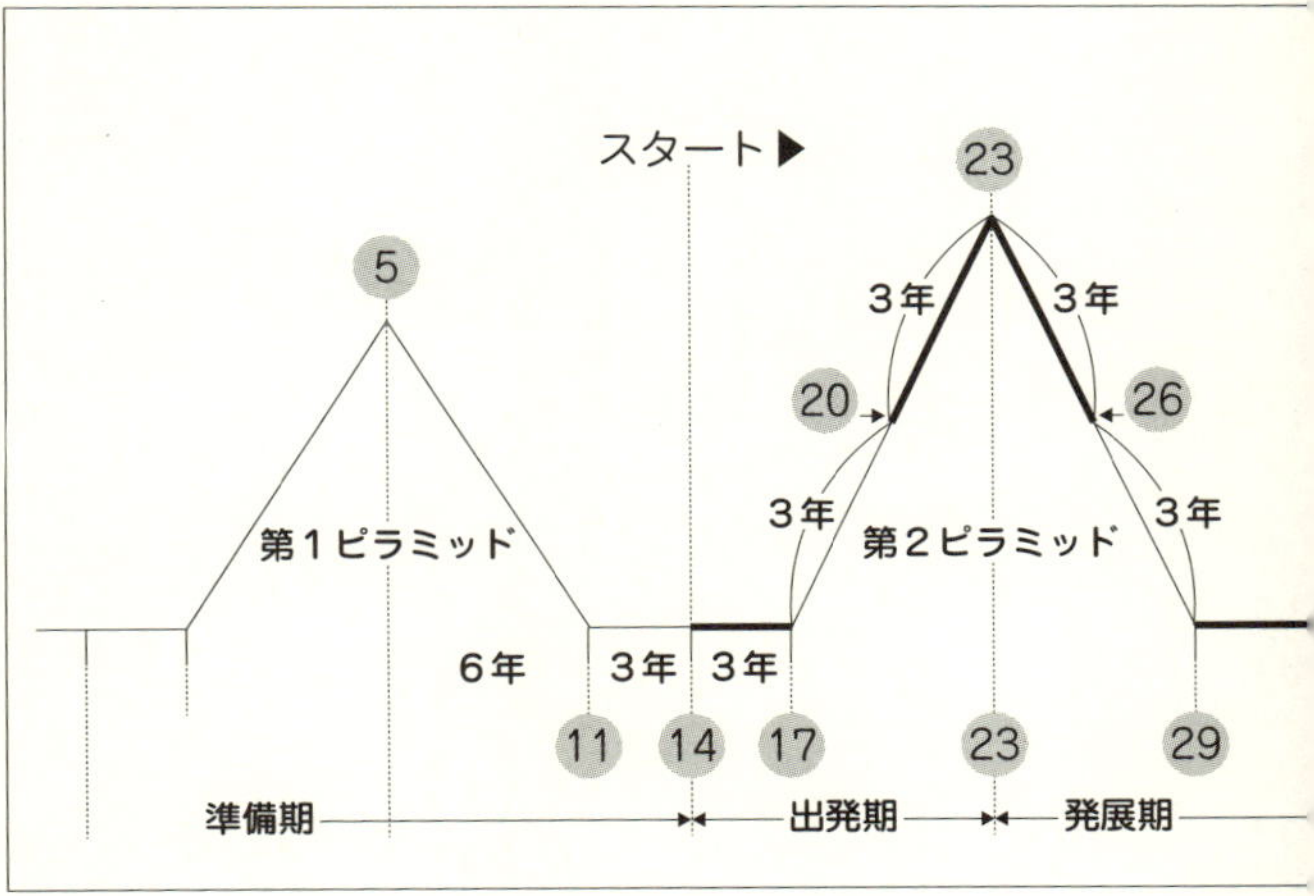

のかを察する力を会得しているのです。同世代よりも、感性も知力もずっと先を行っているので、他の子たちと馴染めない寂しさを感じることもままあります。

【出発期・発展期】

14歳にしてはじまる【出発期】には、**自分に影響を与える人や、生涯のテーマと思えるようなものとの出会いがめまぐるしく訪れます。**とくに交友関係は、相手の年齢や立場にとらわれない、幅広い人たちとの交流が深まります。こうしたものをたくみに消化し、吸収することが、豊かで幸運な人生を送るための基礎固めになります。年齢にそぐわない、大人びた趣味に興じる人もいます。

【発展期】にあたる二十代半ばでは、早くも人生を左右するほどの決断を迫られることもあります。先輩や上司に引き立てられて、思わぬ出世をする人も。このときに人生経験の豊富な師（メンター）となる存在がいれば鬼に金棒といえます。

「運命数22」の人は、とにかく**人生の展開がスピーディー**なので、この時期にその変化の速さに順応することを覚えておくと、後々のためになります。

【発展期】後半ですでに大きな富をつかんでしまう人も多く、まだ三十代の入り口という若さで、これはと思う人材に経済的なサポートをするなど、後進を育てていくことにも熱心に取り組んでいくでしょう。しかしひとりよがりになる傾向も強く、そのせいでトラブルが起きる可能性もあり、十分な注意が必要です。

【充実期・完成期】

【充実期】の中盤である、35歳から38歳の間はとくに謙虚になることです。このときに傲慢な態度でいると、信頼していた人に裏切られたりするおそれがあります。積極的に寄付をするなど、利他的な行動を心がけると安泰に過ごすことができます。

また、第3ピラミッドの頂点である41歳のときには、**すべてが思い通りに運ぶような幸運がやってきます。**何も努力をしている実感がないのに、ことごとくよい結果が出ることに、戸惑うほどでしょう。まさかと思うような人脈ができたり、生活の水準も一段と上がるので、怖いもの知らずになる傾向があります。ここで自分は特別といった意識を持つと、自分にとってもっとも大切なものを失うことになりますから気をつけるように。

金銭に関しては、チャンスがあれば乗ってみましょう。ギャンブルや株などの投資にも強く、上昇期のときは思い切った勝負が勝ちを呼び寄せます。

【完成期】以降は、まだ四十代でありながら、若い頃走り抜けた分、休息に入る人もみられます。

この時期は心の充足に重きを置き、精神世界に目を向けてみると、これからの人生を生きるヒントが見つかる他、危険なことを避けて通れるようにもなります。

Part 3

〈性格、運命、幸運をつかむ〝キッカケ〟〉

不思議なくらいわかる「本当の自分」

運命数1「王冠星」の人の運命

……波乱万丈、幸運も不運も両極端に現れる

【基本的性質・特徴】

「運命数1」の人は、**想像力豊かで意志が強く、野心家のリーダータイプ。**

生まれながらにリーダーとしての素質を持ち、一瞬で人をひきつける魅力があります。どこにいっても、自然と**「主役」**になれる人です。

意志が強く、何事にも決して負けないバイタリティーがあるため、精神力、体力ともにすぐれています。

自信家で、人に頼るよりも自分で道を切り開いていくほうが向いています。自分の意見、目標やビジョンをはっきりと持ち、**〝ナンバー1《ワン》〟よりも〝オンリー1〟を目指す人。**

一見もの静かですが、その裏には大胆な行動力と勇気を秘めています。

組織の中でも古い慣習にとらわれず、斬新なアイデアで周囲を驚かせたり、人を

引っ張っていったり、**周りから頼りにされる人**です。

また、外に出かけたり、人に会ったりすることも好き。エネルギーがあり余っているので、家にじっとしているとかえって欲求不満になります。

【運勢】

「運命数1」の人の人生は、**良いときと悪いときとの差がはっきりしている**のが特徴です。

もともと強運の持ち主で、上昇期にはトントン拍子に出世したり、やることなすことうまくいって「自分はツイてる」と実感するでしょう。実際すべての運命数の中で、**成功率が一番高い**のは「運命数1」の人です。

しかし、ひとたび下降運に入ると、たちまちどん底まで落ちてしまいます。それは幸運と不運が〝両極端〟に現れるという「運命数1」の人特有の現象があるからです。

しかし**「運命数1」の人には、どんな逆境にあっても、それをはね返す力があります。ピンチをチャンスに変えられる「運」と「底力」と「生命力」を持っている**のです。そこから立ち直ろうという強い意志さえあれば、必ず復活できます。

とはいえ、遭わなくていい災いは避けるにこしたことはありません。それには一にも二にも自信過剰にならないことです。そして運が落ちてきたなと感じたら、自分が今どんな状態にいるのかを冷静に振り返り、改めるべきところは改めることです。そうすれば落ち込みを最小限にすますことができるでしょう。

【注意すべきこと】

自信家なので、何でも思い通りにしようとする我《が》が強いところがありますが、それでは周りの人に嫌われてしまいます。

人の意見にあまり耳を貸さないでいると、大きな失敗をすることがあります。「運命数1」の人は、人に使われるより使う立場のほうが能力を発揮できますが、組織の中で伸びていこうと思うなら、ひとりよがりの性格を正し、手柄をひとりじめしないように。

また、物事がうまくいっているときほど、調子に乗りすぎないことです。もともと一匹狼的な生き方が向いてはいるのですが、周囲と調和することも心がけましょう。

【健康運】

「運命数1」の人は、健康面でも恵まれています。もともと体力があるので、大病もせず、つつがなく一生を過ごす運を持っています。病気をしても再起する力を持っていますが、だからといって無茶をしてはいけません。取り返しがつかなくなります。

【家族運】

親に頼らず自力で運を開いていきます。親には頼りになる子どもで、独立心旺盛であり、一生、親を支える立場になるでしょう。

【「運命数1」の有名人】

「運命数1」の人に矢沢永吉がいます。恵まれない少年時代を経てロック歌手として成功をおさめましたが、その後、事務所の元スタッフの横領事件に遭い、巨額の借金を背負いました。しかし見事それを乗り越えて、大活躍をしています。

元首相の田中角栄も「運命数1」ですが、バイタリティーにあふれ、貧しい環境から、今太閤とまでいわれるほどの全盛期を築きました。ところが、ロッキード事件で失速、病に倒れ、毀誉褒貶《きよほうへん》の激しい人生を送りました。

他に史上最高の選手と名高いサッカーのメッシ、横綱の白鵬等がいます。俳優の渡辺謙、三浦友和、作家の夏目漱石や森鴎外も「運命数1」です。

運命数 2 「知性星」の人の運命

……頼りになるサポーター。強運の人のそばにいるのが鍵

【基本的性質・特徴】

「運命数2」の人は、**優しさあふれる縁の下の力持ち。**

人と関わり、ともに喜びや富を分かち合うことに生きがいを感じます。協調性があり、争いを好まない穏やかな性格で、敵を作りません。**誰からも信頼され、愛されるタイプ**です。

思いやりがあって気配り上手。感受性がとても豊かなので、人の心の痛みもよくわかることから、相手にとって〝オアシスのような存在〟になります。**「女性らしさ」**を強く持つのも特色です。男女問わず、はっきりと自己主張したり、強引に物事を進めるのは苦手です。

組織の中では文字通り**〝ナンバー2〟に徹する人。**自分がトップに立って活動するよりも、人をサポートし、その成功を後押しするほうが性に合っています。行き届い

た心配りでリーダーを支え、絶大な信頼を得ます。リーダーから目をかけてもらうことで自分も伸びていくという図式が、「運命数2」の人の生涯をあらわしています。

【運勢】

「運命数2」の人は、周囲からの信頼が厚く、とくに目上の人からかわいがられるでしょう。**一生を通して〝強力な味方〟に恵まれるので、人の力を借りてスムーズに望みを叶えることができます。**

「運命数2」の人が成功するためには、**とにかく〝強運の人〟のそばにいることが鍵。**強い運を持っている人の力を借りて、自分の天分以上の幸せがつかめます。

そのためには、どんなときも人への感謝の気持ちと気配りを忘れないことが大切です。もともと謙虚で素直な性質ですが、人の厚意を当然と思ってしまうと、そこから歯車が狂い出し、人も運も離れていってしまいます。

運が低迷してきたなと感じたら、感謝の気持ちを今一度思い起こし、自分が他人に対して何ができるかをよく考え、奉仕していけば再び道が開けます。

「運命数2」の人は、人に対して与えられっぱなしではなく、より多くのものを与えることを心がけて生きると、人生が開花するのです。与えるほどにそれ以上のものが返ってきます。しかし見返りを期待すると落胆する結果になるので要注意です。

「運命数2」の人は、一生を通じて起伏の少ない穏やかな人生を送ります。むやみに野心を起こさない性質だからです。決して、うまい儲け話に乗ったりはしませんし、分不相応と思う誘いはきっぱりと断ります。そうした理性的な振る舞いが、さらに「運命数2」の人の人生を手堅いものにしていくのです。


【注意すべきこと】


「いい人」がすぎると、自己犠牲的になりやすいので、**自分を大切にすること**を心がけてください。

他人の成功のためには積極的になれても、自分自身の成功を目指す自信にいまひとつ欠けています。「運命数2」の人は、失敗を恐れず、何か成し遂げたいことがあるなら周囲に公言して、協力を求めることです。なぜか有力者ほど「運命数2」の人を放っておけないので、必ず助けが得られます。

また、他の運命数の人よりも、深刻に考えすぎたり、クヨクヨ悩んでしまう傾向があります。周囲の目が気になって自分らしく振る舞えなくなると、ストレスをため込んでしまいます。少しぐらい失敗してもかまわない、という楽天的な気持ちを持つことが肝心です。

【健康運】

大病はしないかわりに、しょっちゅう風邪を引いたり、ちょこちょこ体調を崩す傾向がみられます。体力もさほどあるほうではないので、無理は禁物です。

【家族運】

家族とは終生仲良く、円満な関係が築けます。親にとっては経済的な部分よりも、精神的な部分で頼りになる子どもです。いくつになっても親と子どもの立場が逆転しない関係が続きます。

【「運命数2」の有名人】

「運命数2」の人には、和田アキ子がいます。一見男まさりで豪快な言動もみられるものの涙もろく、芸能界のご意見番として一目置かれています。

その他、子どもから大人まで幅広く支持された漫画家の藤子・F・不二雄、写真家の篠山紀信、卓球選手の張本智和も「運命数2」です。

運命数3「発展星」の人の運命

エネルギッシュに道を切り開き、人の運までも上げていく

【基本的性質・特徴】

「運命数3」の人は、**社交的でいつも人に愛され、エリートコースを行く秀才タイプ。**他のどの運命数よりも「生命力」にあふれエネルギッシュ。想像力豊かで、実行力も抜群。新しいものを創り出す力のある**クリエイティブな人。**

陽気で明るく社交性もあるので、どこにいっても人気者に。「運命数3」の人がいるだけで、その場が華やかで明るく賑わいます。

トラブルの仲裁も得意。一触即発といった空気が流れても、「運命数3」の人が間に入ると不思議と丸くおさまります。人望があるので、仲間や先輩に引き立てられたりして運が開けてきます。

「男らしさ」を強く持っていることも特徴です。親分肌、アネゴ肌の人も多く、周りから何かと頼りにされてしまいがちですが、そんなときは惜しみなく協力すること。

そうした親身な姿勢が認められ、要職に大抜擢されるチャンスもあります。

仕事では**自分のアイデアを形にして、新しいものを作り出していく才能**があり、新事業を立ち上げるなど、時代をリードしながら、組織の中でも注目を浴びます。またライバルが登場するとファイトを燃やす負けず嫌いの性格なので、どこにいても頭角を現します。そのため、「運命数3」の人が組織にいるだけで志気が高まります。

【運勢】

「運命数3」の人は**一生を通して強運に恵まれ、人生を順調に発展させていくことができます。**ただし、好調な人生を送る分、何かに試されているかのように、時折低迷する時期も訪れます。そこでじっと辛抱できれば、うまい具合に突破口が開け、さらなる幸運の波に乗れます。

しかし、仮に失敗をしたとしても、「運命数3」の人はそれを糧《かて》に成長していけるので大丈夫。職場や住居を変えて心機一転したくなる人もいますが、安易に決めないことです。いま起きていることはすべて正しいと信じる気持ちが、「運命数3」の人を生涯かけて支えてくれます。

さまざまな分野でスペシャリストになれる運もあります。とくに王貞治をはじめとして、松井秀喜、ダルビッシュ有、高橋尚子、宮里藍など、一流のスポーツ選手には「運命数3」の人が大勢います。これは全運命数の中で、「運命数3」の人がもっとも生命力にあふれているからです。彼らはこのエネルギーを無駄遣いせず、技術を磨くことに向けたゆえに、日本を代表するトップアスリートに成長できたのです。

また、「運命数3」の人の特性は、自分自身も強運であるだけでなく、**人の運までも上げる力がある**ことです。「運命数3」の人を味方につけると、どの運命数の人もみんな人生が好転していくぐらいのエネルギーを持っています。

また、「運命数3」同士で組んだときには、はかり知れないパワーが生まれて、大変な偉業を達成できます。重要なプロジェクトを興すときは、「運命数3」の人が数名参加していることが理想といえます。

【注意すべきこと】

ひらめきや直感力は大変すぐれていますが、そうした自分の感覚に絶大な自信を持っているので、一方的に自分の考えを押しつけてしまいがちなのが玉にキズ。人に好かれるほどに運が開けるので、周囲との衝突は極力避けることです。

また生命力はとても強いのですが、ストレスに弱いところもあるので、日頃から自分の心のケアに気を配る習慣を心がけてください。

【健康運】

もともと運動や食事に気を使う性質なので、終生大病をすることはありません。ただ、仕事がうまくこなせなかったり、環境に適応できなくなると、快楽的な傾向があらわになり、アルコールや性的快楽に溺れやすいので要注意。

【家族運】

親との関係は一生にわたって良好で、他のきょうだいたちと一緒に、親をもり立てていきます。なかでも「運命数3」の人が中心となって世話を焼くことになります。

【「運命数3」の有名人】

「運命数3」の人には、昭和の大スター石原裕次郎がいます。将棋の藤井聡太、また、常に斬新な作品を世に送り出している宮崎駿、歌手の松任谷由実も「運命数3」です。他に平成の大横綱、現親方の貴乃花、爆笑問題の太田光など、「運命数3」の有名人には時代をリードするような人が目立っています。

運命数4「基礎星」の人の運命

……………不器用だが、協力者に恵まれ幸運をつかむ

【基本的性質・特徴】

「運命数4」の人は、**マイペースで我が道を行く安定志向タイプ。**

真面目で堅実。計画性があり、コツコツ積み重ね築き上げていく努力家。やや内気で神経質なところもありますが、**安心感のある人柄のよさから、誰からも信頼されます。**

物事を要領よく運べるほうではなく、どちらかといえば不器用です。たとえば他の運命数の人なら1日でできることを、「運命数4」の人は4日かけてやっと完成したりします。しかし、はじめはうまくいかないと思っていたことが、急に上達したりするのが「運命数4」の人。最終的には標準を上回る素晴らしい結果を出せるので、焦ることはありません。

そして、その地道で、ていねいな仕事ぶりは必ず人から評価をされます。派手に脚

光を浴びる機会は少なくても、**決して忘れられない、なくてはならない人**として、どこにいても大切にされます。

【運勢】

「運命数４」の人の成功の秘訣は、**焦らずにあらゆるものと調和すること。**反発心が生まれたり、孤立してきたと思ったら、すぐに人と協調することを忘れないことです。人を受け入れる姿勢を保ち、会話を大切にしましょう。

また、いつも自分をありのままに表現するように心がけたいもの。身の丈に合った素直な生き方が、「運命数４」の人を幸福に導いてくれるのです。

好不調の波は比較的少ないですが、つまずいたときには「基本に返る」ことに専念すれば、必ず乗り越えられます。

また一人で思い悩まず、周囲に応援を求めること。正直に「助けて」と言える素直さが「運命数４」の人の強みです。**協力者に恵まれる運命**なので、甘えすぎない程度に人を頼ると、かえって人との絆も強くなっていきます。

「運命数４」の人の運が下降するのは、気持ちにゆとりがなくなるときです。焦りすぎて自分の考えだけに固執してしまいがち。いたずらに頑固になると、周囲の人の意見にも耳を貸さなくなり、あげくの果ては人を信じられなくなってしまうことも。その結果、悪いほうへ悪いほうへと考えてしまい、自分からマイナスの溝を作ってしまうのです。

【注意すべきこと】

現状に満足できる堅実さも、「運命数４」ならではの長所です。何か突飛なことをやってみたい気持ちが芽生えたときは、くれぐれも自重すること。ドラマティックな人生に憧れるところもあるのですが、実際はそのようなこととは無縁です。

平穏な人生こそが「運命数４」の人にとってもっとも幸せで、心を満たしてくれるということを忘れないでいてください。冒険しない勇気は、尊いものだと肝に銘じましょう。

とはいえ、あまり守りに入りすぎても喜びが少なくなります。何年かに一度、大きな目標を掲げるのは、「運命数４」の人にとって望ましいことです。一気に叶えようとせず、コツコツとマイペースで努力を重ねていくと、時間はかかっても見事に達成できます。

【健康運】

親子関係がうまくいっていると、精神的にも安定し、エネルギーにも満ちあふれ、大きな病気の心配もなくなります。できれば離れて暮らすよりも、スープの冷めない距離にいるほうが「運命数４」の人らしい生き方ができます。

【家族運】

「運命数４」の人にとって、親子関係は人生において大変重要なものになります。 親子関係がしっくりといっていることが、幸運や富をつかむための大前提。何をするにも、家族を配慮して行動することが、幸せにつながります。

家族を顧みない自分勝手な行動をすると、たちまち運に見放されます。できるだけ家族で一緒に食事や旅行に出かけたりすること。

【「運命数４」の有名人】

「運命数４」の有名人には、北野武と桑田佳祐がいます。どちらもたぐいまれな才能の持ち主で、大事故や大きなストレス、大病を乗り越え、さらなる活躍をみせています。その他、タモリ、俳優の香川照之、体操の内村航平も「運命数４」です。

運命数5「行動星」の人の運命

……………誰からも好かれる「人間的魅力」で運を開く

【基本的性質・特徴】

「運命数5」の人は、**フットワークが軽く、変化を好む「自由人」**。

機転が利き、野心と行動力に富んでいて、その決断力も見事なもの。周囲に頼りにされ、若い時期からリーダーシップを発揮しますが、何よりも個人の「自由」を重んじます。

人をひきつける独特のムードがあります。趣味も多くてセンスもよく、何をやらせてもスマートにこなし、そつがありません。コミュニケーション能力が高く、人を陽気にさせる話術にも長けていて、**誰からも好かれる人気者**です。その人間的な魅力によって運を切り開いていきます。

やや自己顕示欲が強く、人と衝突しやすいところがありますが、エゴを捨てることを学ぶと、人生はよい方向へ開けていきます。思いもよらなかったところに活躍の場を見出したり、予想外の幸運に恵まれたりします。

【運勢】

「運命数5」の人は、**人にしたことがそのまま返ってくる、ブーメランのような運を持っています。**よいことをすればよいことが、悪いことをすれば悪いことが面白いように返ってくるので、日頃から行ないや言動を正し、相手の身になって物事を考えることが運を開くコツです。

頭も切れ、理解力も人の何倍もありますが、冒険心が過剰に出ると、無理だとわかっていることに手を出し、失敗してしまうこともあります。とことんまでやって、どん底を見ないと気が済まないところがあるからです。

「運命数5」の人が困難なことを乗り越えるときには、辛抱、忍耐という、待つ姿勢が大事です。短気を起こしては、何も達成できません。

もともと逆境と不運をはねのける力は、運命数の中でもトップクラスなので、うまくいかなくなってもすぐに投げ出さず、3年はやってみること。必ずよい結果が出ます。つらいときに粘ることを覚えると、「運命数5」の人の運はさらに強くなります。

人への思いやり、いたわりを大切にしていないと、お金や仕事、周囲の人はもちろん、幸運もさっと離れていってしまいます。このところツキに見放されていると感じたら、まず人との関わり方を振り返ってみること。

【注意すべきこと】

好奇心が旺盛で瞬発力はありますが、持続力に欠け飽きっぽく、すぐ他のことに関心が移ってしまいます。周りの人には、無責任、わがまま、つき合いづらいと思われてしまいがちです。常に自分を客観視して、マイナスの部分が出ないように気をつけること。

また、自分の考えが一番と思い込む傾向があります。気持ちにゆとりを持って、人の意見も聞くようにすると、視野が広がります。**スランプから抜け出したいときは、自分と違う意見に、現状改善のヒントがあることを忘れないでください。**

【健康運】

精神的なダメージが体調に影響します。ストレスをためないようにしましょう。

【家族運】

家族関係では、親子間、きょうだい間で、そりが合わない人が出てきて悩まされることがあるかもしれません。関係がギクシャクしはじめたら、その人とはある程度の距離を持って接したほうが賢明です。正面から対立しても、こじれてしまうばかりでしょう。もめたときには第三者を入れて話し合うこと。温和で、味方にすると心強い「運命数6」の人を間に入れると、まとまりやすくなります。

「運命数5」の人は、早めに家から独立したほうが運の流れがよく、成功の時期も早くなります。いつまでも実家で親に頼りきった暮らしをしていると、運も停滞してしまいます。

【「運命数5」の有名人】

長嶋茂雄は「運命数5」の人です。まさに多くの人をひきつけた野球人生で、いまも多くのファンを持ち、永遠の国民的ヒーローとして愛されています。同じくいまなお、その作品が広く愛され、読み継がれている日本を代表する作家、三島由紀夫も「運命数5」の人です。

他にはソフトバンクグループの創業者として知られる孫正義、ファーストリテイリングの柳井正、脚本家・映画監督と幅広く活躍する三谷幸喜と、カリスマ的な存在の顔ぶれが並びます。

運命数6「調和星」の人の運命

……流れに逆らわず、執着心を捨てれば安定した人生を歩む

【基本的性質・特徴】

「運命数6」の人は、**慈愛に満ちた癒《いや》しの人。**

穏やかで思いやりがあり、他人の世話を焼くのに喜びを感じるタイプ。何をするにも、まず相手のことを考えて行動します。**正義感が強く、不正や不公平を黙って見すごせません。味方にすれば頼もしく、敵に回せば大変怖い存在です。**

美的センスが高く、芸術家肌でもあります。

バランス感覚にもすぐれ、堅実な生き方をします。人が嫌がることも進んで行なう奉仕的精神と献身的な愛の持ち主。人づき合いを大事に考え、お世話になった人への感謝をいつも忘れない誠意ある態度は、一度人の心をつかんだら離しません。孤独とも無縁です。

一方で、優柔不断の人ともいえます。とにかく決断をすることが苦手。実際、「運

命数6」の人が、決断できないときに無理に決めると後でよくない結果に終わるため、迷ったときの決断は先送りしてじっくり考えてみることです。

【運勢】

「運命数6」の人は、**生涯を通じて安定した運**を持っています。大きな波乱もなく、穏やかな一生を送ります。

よりよい人生を作っていくためには、何をするにせよ、大いに第三者へ協力を求めることです。自分一人ですべて解決しようとすると、よい結果になりません。**人の力が、人生を何倍にも豊かにしてくれる**ことを覚えておいてください。

人生に行き詰まらないためには、執着心を捨てること。何かにこだわったり、しがみついたりせず、川の流れに乗るように、運命に逆らわないことが大切です。

場合によっては、相手のことを優先して考えるあまり、自分の意志がない、人に流されやすいと思われてしまうこともあります。そこで落ち込まないように。「運命数6」の人のやさしさが裏目に出ることはありません。むしろ心から応援してくれる友人、知人が増え、結婚、就職といった人生の節目で多大な協力を得られることもあります。

人生においては、ともに息抜きのできる仲間を多く持つこと。趣味を一緒に楽しめる仲間の存在が、「運命数６」の人をさらに成長させます。

【注意すべきこと】

堅実な生き方が持ち味ですが、結婚相手からみると物足りなく感じることもあります。要領よく生きるのは苦手なので、大胆に何かをやってやろうとか、危ないと思ったことには手を出しません。逆に予想外のことが起こったりするとまともにダメージをくらい、大きな痛手をこうむります。

また、他人の目を気にしすぎないこと。根拠のない批判や噂に振り回されてばかりいては、持ち前のバランス感覚が失われてしまいます。こんなときこそ、柳に風という「運命数６」の特性を生かしたいもの。右から左へ受け流してしまうことです。

【健康運】

これといった大きな病気もせず、大過なく過ごせるでしょう。無理をしなければ心配ありません。

【家族運】

家庭的な人で、家族を大事にします。

「運命数6」の人にとって、最高のアドバイザーは親です。親の反対を押し切ってまで何かをすることは避けること。親の知恵ほど役に立つものはないと覚えておいてください。

基本的に、親きょうだいには大いに甘えていいのです。それこそが道を切り開く力になります。

さらに、「運命数6」の人は親の他にもいいアドバイザーを持つといいでしょう。素直に人の意見を聞き、吸収することができるので、運の流れも一段とよくなります。

【「運命数6」の有名人】

「運命数6」の人には、シンガーソングライターとして長年活躍し、独特の世界で多くのファンに支持されている中島みゆきがいます。

また、ファンのみならず、いまも多くのミュージシャンたちに影響を与えている、ジョン・レノン、マイケル・ジャクソンも「運命数6」です。他には、理論物理学者のアインシュタイン、福山雅治、サッカー選手の三浦知良、フィギュアスケートの羽生結弦が「運命数6」です。

折には強いのです。

ただこのときに、疑心暗鬼になってしまうと、大切な親友を失います。どんなにつらいスランプが続いても、築き上げてきた人間関係は大事にすることです。

「運命数7」の人は、**生涯を通じて、意外な味方に恵まれる運**を持っています。予期せぬとき、ひょんなところで意外な人物から救いの手を差し伸べられます。自分にはこういう人が合う、という先入観を持たずに、人とつき合うこと。人間関係では、敵と味方をはっきり分け、妥協をしないため、衝突することもあります。なので人の好き嫌いをいわず、大らかな心で多くの人と関わることを心がければ、出会いが幸運を運んできます。

また「運命数7」の人が運を落とすキッカケは、自分の考えだけに固執しはじめたとき。他人の意見を受け入れようとしなくなると、途端に立ちゆかなくなります。

意地を張り続けている間は不運が続くので、持ち前の思慮深さと冷静さで、いま何が大事なのかを、素直に考えてみることです。

【注意すべきこと】

自分から積極的にコミュニケーションをとることが苦手です。また、自分に厳しく理想が高い完璧主義者。それを他人にまで求めてしまうと、孤立してしまう原因に。

【健康運】

礼儀正しく真面目な性質ゆえ、リラックスすることが苦手なのも弱点。「運命数7」の人はストレスに弱いので、健康面にも問題が出てきてしまいます。

【家族運】

将来的には一家を支える大黒柱的存在になります。子どもにも恵まれ、晩年は子どもに支えられる運命なので、子育ては心を込めて、手をかけることが大切です。

【「運命数7」の有名人】

「運命数7」の人には、メジャーリーガーのイチローがいます。ピンチに立たされても強運を発揮し、持ち前のバイタリティーで乗り切る姿には、まさに勝利を物語る7の数字そのものの力を感じます。

また「漫画の神様」といわれた手塚治虫、作家と尼僧の顔を持つ瀬戸内寂聴が「運命数7」です。タレントとして第一線で活躍し続ける木村拓哉、個性的な元首相の小泉純一郎、サッカーの本田圭佑、競馬の武豊、歌手の椎名林檎も「運命数7」です。

運命数 8 「支配星」の人の運命

……………………最高の幸運は、嫌なことが続いた後にやってくる！

【基本的性質・特徴】

「運命数８」の人は、**精力的、活動的。パワーみなぎる権力者タイプ。**

とにかくじっとしていられない性格。何事にも情熱を注ぎ、自分の信じるところにしたがって次々とチャレンジしていきます。人が尻込みしてしまうようなことでも、結果は二の次にして、果敢に向かっていく人。そして、最後まであきらめずにやり抜く強い意志の持ち主です。

「豊かさ」を引き寄せる力が強く、名誉や権力、富や成功などさまざまなものを手に入れられます。ビジネスセンスもピカイチです。

男女ともに、波乱万丈でドラマティックな人生を望む傾向があります。そのため、自分からトラブルを招いてしまうところがあります。

ピンチに立たされたときは、ひたすら慎重になること。がむしゃらに突き進もうとせず、客観的な目で現状を見るようにしましょう。あきらめざるを得ないことがあっても、落ち込む必要はありません。「運命数8」の人は、失敗からたくさんのことを学べるので、成功へのステップと考え、前向きにとらえたいものです。

【運勢】

「運命数8」の人は、**夢を叶える力は他のどの「運命数」よりも強く、心身ともに充実した人生を送れる**でしょう。

他の運命数の人よりも、若いときにチャンスが到来します。常に時代の動きに敏感でいるようにすると、より多くの幸運を呼び込めます。

なお、忘れていけないのは、「運命数8」の人にとっての**最高の幸運は、嫌なことが続いた後にやってくる**ということです。ですから、「運命数8」の人が成功するために大切なのは、「うまくいかないときも、決してあきらめない粘り強さ」です。納得するまで手を抜かず強い意志を常に持ち続けることで、必ずよい結果がもたらされます。

そして「運命数8」の人が持っている力強いエネルギーは、人生の成功のためにだけ焦点を当てて使うようにすることです。意味のない争い事などに費やしては損です。

もともと「運命数8」の人は、無駄を好みません。とくに時間を有効に使うことをいつも意識しているので、決してだらだらと無為な時間を過ごすことがありません。わずかな空き時間にも勉強をするなど、自分を高める努力を惜しまない姿勢が、「運命数8」の人を成功させるのです。

加えてさらなる幸運を得るためには、人から頼られる自分でいること。面倒見をよくしていれば、運は逃げません。後進を育てておくのも、早い時期から心がけていたいもの。ゆくゆくは次の世代の者たちが、支えてくれるようになります。

また、**冷静さを失うと、たちまち運に見放されるのが「運命数8」の人の特徴。**壁にぶつかったり、強力なライバルが現れたりすると、平常心が消え、無鉄砲な行動に出てしまうおそれがあるので、気をつけてください。常に自分を律することを忘れずにいることです。焦れば焦るほど空回りし、余計に悪い結果を招いてしまいます。

【注意すべきこと】

大変情熱的で、強いパワーにあふれる「運命数8」の人は、目的のためなら手段を選ばない面もあります。パワーが強すぎると、周りを振り回すことになり、それが反感を買う原因になります。くれぐれも強引な態度は慎むようにしましょう。素直に人の言うことにしたがうと、いいキッカケも生まれてきます。

また、生来、甘えることが苦手な人で、人に助けられることや同情されることを好まないため、何でも自分一人で解決しようとするところがあります。そこを変えていくと、運命はもっとよい方向へ動き出していきます。

【健康運】

気をつけたいのは、不摂生です。「運命数8」の人は、調子よく物事が進んでいると、食事や睡眠などをおろそかにしてしまう傾向があります。体には十分気をつけてください。

【家族運】

男女ともに精力的で、家でのんびりすごすということはあまりありません。意識的に家族とすごす時間を作りましょう。

【「運命数8」の有名人】

「運命数8」の有名人には、大女優の吉永小百合がいます。

他には、歌手の安室奈美恵、フィギュアスケートの浅田真央がいます。また、本田宗一郎、加山雄三、将棋の羽生善治も「運命数8」です。

運命数9「神秘星」の人の運命

……運が強く、不可能を可能にする不思議な能力の持ち主

【基本的性質・特徴】

「運命数9」の人は、**理想の世界を夢見るロマンチストタイプ。**

いくつになっても純粋さを失わない、理想主義者。**感受性が強く、繊細でナイーブな心の持ち主。**直感が鋭く、哲学や心霊的世界にも深い関心を示します。自分はどう生きたらいいのか、最良の道を常に模索しています。

「運命数9」の人の持つ不思議なムードには、人をひきつける〝静かなカリスマ性〟があります。奉仕の精神も旺盛で、困った人を見過ごせないような情にもろい一面もあります。

欠点は、何事にも飽きっぽく、ムラっ気があるところです。つい最近まで熱中していたことを、何かのはずみで簡単に放り投げたりします。そのうえ、自分の本心、本質を表面にあらわそうとしないので、誤解を招いて敵を作ったり、せっかくの才能が

見出されずに終わってしまうこともあります。もっと自分をオープンにさらけ出してみると、新たなチャンスに恵まれ、成功に近づけます。

【運勢】

「運命数9」の人の運は、非常に人間関係に左右されます。**よい仲間を持てば運が上がりますが、悪い交友関係を持てば、運は即座に下がります。**すぐれた人格の持ち主を友人にすることが大事です。

持って生まれた運は大変強く、また精神的にも強いので、不遇のときでもへこたれません。**不可能なことも可能にする、不思議な能力も持っています。**この能力は、孤独に耐え、強くなることで何倍にも強まります。加えて、いつも平常心を保つようにすれば、怖いものなしです。

すぐれた直感が働くので、困ったときはあれこれ考えずに、感覚にまかせてみることです。無理と思ったことでも、すんなりうまくいきます。

また、「運命数9」の人にしかできない「ユニークな考え方」が運を上げるポイント。大きなトラブルが起きても、普通の人にない発想で解決できます。

浮き沈みの時期が、3年ごとにはっきりとやってくるのも「運命数9」の人の特徴です。そのときは周囲に何といわれても、自分の意志を貫き通すようにすると運が開けます。

なお、「運命数9」の人は30歳までの人生と、それ以降の人生がまるで違ったものになることも珍しくありません。中年を過ぎたあたりで人生を振り返り、人のために奉仕することに喜びを見出す人もいます。

【注意すべきこと】

「運命数9」の人は現実世界の理不尽さ、不潔さといったものに嫌悪感を抱きやすく、しばしば現実逃避をしがちです。自分の意にそわないことや理解しがたいことの中にも、必ず「運命数9」の人にとって役立つことがあります。それを見逃さないようにすれば、いっそうの幸運に恵まれます。

また、奉仕の精神は素晴らしいのですが、ときに相手を思ってしたことが、実は相手にとって迷惑だった、ということもあります。他人の犠牲になって損をしがちな人でもあるので、その点をわきまえて、自分の中にあるおせっかいな部分を抑えるようにすることです。

【健康運】

「運命数9」の人は、メンタル面については大変デリケートなのですが、反対に体はいたって丈夫です。重い病気をする人も少なく、体力も十分。そのため健康を過信しすぎるのが玉にキズです。回復力が強く、たとえ一時的に心身のバランスが崩れても、すぐに持ち直せるとはいえ、無理はしないにこしたことはありません。

【家族運】

「運命数9」の人は、生活をともにすることで、相手にとても影響されます。同居している場合、〝似たもの親子〟〝似たもの夫婦〟になります。

【「運命数9」の有名人】

「運命数9」の人には、美空ひばりがいます。「運命数9」の人の生き方はデリケートで個性的ですが、それゆえ天才的な運の強さを発揮する人が多くいます。美空ひばりはまさにその代表的な人。

石原慎太郎も「運命数9」の人です。生き方も発言の内容も「運命数9」らしくユニークでありながら、才能豊かな文化人でもあります。他には、エルビス・プレスリー、本木雅弘、作家の村上春樹も「運命数9」です。

運命数11「革新星」の人の運命

……ジェットコースター的人生。変化の時が絶好のチャンス

【基本的性質・特徴】

「運命数11」の人は、**感性が鋭く周りに強い影響力を持つ、理想の高い夢想家タイプ。**勘が鋭く、すぐれた洞察力で未知なるものに向かって挑戦していく、好奇心の強い人。進歩的で、夢を追い求める性質です。

何事も、他人に先駆けてやることが好きな、**パイオニア的気質の持ち主**でもあります。既成の枠にとらわれることなく人生を歩んでいきます。それは言動やファッションなどにもよくあらわれていて、エキセントリックな雰囲気をかもし出します。

仕事でもアイデア豊富で、人がやらないようなことでもやってのける力を持っています。リーダーとしていかんなく力を発揮していきます。何事においても、平凡なことでは満足できません。

【運勢】

「運命数11」の人は、概してジェットコースター的な人生を送ります。とくに住居や人間関係などに変化が起こったときが、ステップアップのチャンス。**変化を怖がらず、むしろ歓迎する姿勢でいると、いっそう運の流れがよくなります。**

加えて、変化が起きたときには、想像力を高めておくことです。**「運命数11」の人は、イメージしたことを現実にする能力を持っているので、いつもよいイメージを持ち続けるようにしましょう。**ネガティブになると、運はすぐに下降してしまいます。気をつけたいことは、運の流れが停滞したときです。ここで下手にあがいてはいけません。覚悟を決めて、どん底まで落ちてみることです。「運命数11」の人は、とことん行き詰まったときにこそリセットできます。**素直にゼロからやり直すことで、新たな運をつかめる**のです。

「運命数11」の人は、人間関係が良好であれば、いい流れに乗って生きていけます。ただ、「運命数11」の人は人から批判を受けたり、拒否されたりすることが苦手なため、こうしたことから人間嫌いになったりします。

さらに大きく運を開くためには、人に対して奉仕する精神を忘れないことです。メリットばかりを追い求めると、途端につまずいてしまいます。

また、**よくないことが続くと思ったときには、進んで苦手な人と接してみるのも運が変わるきっかけになります。**そのつき合いの中から、突破口が開けていきます。

そのうえで、自分に限界を作らず、高みを目指して進めば完璧です。自分の望んでいる以上の幸運に恵まれる結果となるでしょう。

また、成功するまでに比較的時間がかかりますが、ここで辛抱ができる人は大きく才能が開花します。すぐにあきらめて違う道を探し出すと、成功の度合いも、喜びも小さくなってしまいます。中年以降には必ず運が上昇するので、つまずいても、何度でも立ち上がる勇気を持ち続けることが大事です。

【注意すべきこと】

「運命数11」の人は、周りの人や環境に影響を強く受けやすく、感情が不安定になりやすいところがあります。いったん感情の波にのまれると、正しい判断ができず、取り返しのつかない失敗をしたり、かけがえのない友人を失う場合もあります。

常に自分の感情の変化を観察し、コントロールするよう努力すれば、物事はうまく運びます。

【健康運】

一生を通じて大病はしませんが、健康を過信して、無理を重ねる傾向があります。調子が悪くなるとどんどん抵抗力が落ちてしまいますので、不摂生だけは避けてください。

【家族運】

親きょうだいとは仲よくすること。家族と仲よくしていると、自分の根っこの部分が強くなり、生きていく方向を間違わなくてすむのです。

【「運命数11」の有名人】

「運命数11」の有名人には、アメリカ合衆国第44代大統領バラク・オバマがいます。

また、演劇、歌手だけではなく、オピニオンリーダーとして活躍する美輪明宏、歌手の吉田拓郎、俳優の水谷豊など、まさに「運命数11」ならではの多彩な才能が花開いた人が多くいます。他にはプロ野球選手の田中将大も「運命数11」です。

運命数22「大幸運星」の人の運命

……全運命数中、最強運の持ち主。どんでん返しに注意

【基本的性質・特徴】

「運命数22」の人は、**大いなる理想と成功を実現。偉業を成し遂げる天才肌タイプ。**

非常に有能で才能にあふれている人。崇高な理想を掲げ、それを実現する直感力、洞察力、意志力、行動力、指導力を兼ね備えています。**カリスマ的な魅力があり、自然と周りに人やもの、金、成功、運が集まってきます。**

大変大きな器を持ち、小さな世界でおさまる人ではありません。日本だけでなく、海外など世界的スケールで活躍できます。

【運勢】

大成功が約束されているような、幸運な星のもとに生まれてきた人。どんなときもよいことを自然と引き寄せるのです。最高の吉運数の人といえます。

支配力、指導力があり、何をやらせても人並み以上の結果を出します。もちろん自

分自身の力で運を伸ばせる強さも持っていますが、そこに多くの人の力が加わってさらなる結果をひき出します。「運命数22」の人は、第三者がバックアップしたくなる雰囲気を持っているのです。

困ったときには、親や先輩、目上の人が必ず助けてくれます。女性の場合も、「あの子のためなら何でもしてあげたい」と、たくさんの男性にいわせる力を持っています。

さらに、自分の運の強さを知っているだけに、不安なく人生に立ち向かっていけます。それに加えて、不安に打ち勝つ心の強さも持っているので、やることなすこと、すべてが順調に運びます。おおよそ、願いのうちの70％は楽にかなう人生を送ります。

それゆえ、嫉妬されて人に裏切られることもありますが、自然に周りの助けを借りて、立ち直れます。こうした運の強さは、全運命数の中でトップです。

若いうちから願望を次々と実現し、エリートコースを歩む人も多いでしょう。ところが、思わぬどんでん返しが起こって、予想外の悲惨な運命をたどる人もいます。運が強いだけに、副作用的に不運が起こってしまうという、運の変化の激しい一生を送る場合もあるのです。

持って生まれた運を落とさないためには、何より自信過剰にならないことが大事です。周囲のおだてに乗ることなく、忠告に従う素直さをなくさないことです。

性格的に、自分の能力を過信しやすく、すべてが思い通りになると考えるところは改めるべきです。常に初心に帰ることが、「運命数22」の人の人生を、さらによきものにする秘訣です。

運に見放されたなと感じたときは、人の話をよく聞くこと、味方を大切にすることを心がけるようにしてください。日頃から謙虚な姿勢を身につける努力をすることが、不運をはね返す力になります。


【注意すべきこと】


人にちやほやされることが多いので、自分に対して甘くなりがちな部分があります。常に善悪の区別をつけて行動することです。そして、決まりやルールを決して無視しないように。自分では悪いことをしているつもりはなくても、トラブルに巻き込まれてしまうおそれがあります。

また、人の好き嫌いが激しく、それが態度にあらわれてしまいがちです。人に好かれる反面、大変敵を作りやすい人でもあります。

【健康運】

体も心もとても丈夫で、健康面での心配はありません。ただし、過信は禁物。

【家族運】

「運命数22」の女性は、家庭内での〝大黒柱〟的な役割を担当する運命にあります。

【「運命数22」の有名人】

「運命数22」の人には歌手の松田聖子、ソニーの創業者である盛田昭夫、インドネシアのスカルノ元大統領に嫁いだデヴィ・スカルノもいます。いずれも大変な運の強さを感じる顔ぶれです。その他、幕末の風雲児・坂本龍馬、芸術家の岡本太郎、黒木瞳、さだまさしがいます。

Part 4

〈相性、相手の性格、結婚生活〉

あなたはどんな相手とならうまくいくか

運命数1「王冠星」の人の恋愛・結婚運

……恋愛への意欲を燃やし続けることで、よい縁をつかむ

【恋愛運】

「運命数1」の人は、**男女ともに、一生を通じて異性にモテます。**若い頃から人気を集め、好かれますが、「この人」と思う人以外めったに心を動かされません。理想のタイプにこだわるあまり、妥協することができないのが「運命数1」の人。好みでもないのに同情心から恋愛に発展するということは一切ありません。一時的な気分に惑わされず、じっくりつき合って相手を見ようとするタイプです。好きでもなかなか態度にあらわさないので、誤解されやすいところもあります。

ところが、いったんつき合いだしたら、ひとりよがりの恋をしやすく、相手を自分の思い通りにしたがる人。デートのときも自分の行きたいところや食べたいものを優先して、あまり相手の気持ちを考えないため、「勝手な人」と思われてしまったりします。

悪気はないのですが、あまりにも自分を押し通すと、相手の心を逆なですることにもなりかねません。恋愛は相手があってこそ成り立つことを忘れないでください。

異性との縁もあり、つき合う機会は多いのに、なぜか長続きしないという人は、客観的に自分を見つめることが必要です。格好をつけて、自分をよく見せようとするのは逆効果です。

また、**恋愛をしようという意欲を燃やすほど恋愛運が上がり、よい縁とつながります。**出会いの場に積極的に出かけることもいいでしょう。

そんな「運命数1」の人は、恋愛にのめり込みすぎて、他のことがおろそかになることはありません。むしろ恋愛による充実感が仕事などによい影響を与え、何事もプラスの方向へ動き出していきます。それゆえ、恋をしていなかったり、振られたばかりのときには、なぜか仕事や人間関係もうまくいかなくなったりします。

【結婚運】

結婚は、男女ともに二十代で決めたほうが幸せになりそうです。**結婚が早いほど、夫婦で力を合わせて、富を築いていくことができます。**

「運命数1」の人は、すべてにおいて自分を認めてくれる人との出会いによって飛躍できる運なので、生涯のパートナーを得ることは、運を上昇させるキッカケとなります。

とくに「運命数1」の女性の場合、結婚は大切です。**結婚によって女性としての魅力がますます磨かれ、人間的にも大きく成長できます。**また、子宝にも恵まれ、明るく仲のよい親子になれるでしょう。必ず結婚できる運を持っているので、自分が結婚に向いていないのではないかと心配しなくても大丈夫です。

いまは適齢期を過ぎて独身でいる人も多いですが、その場合も最終的には必ず良縁がめぐってきますから、結婚をあきらめることだけはしないでください。自分で幸せな結婚をする、という意志を持ち続けることが、いい人との出会いを実現する鍵です。

また、結婚しても家庭におさまることはなく、結婚と仕事をバランスよく両立させていきます。仕事や趣味を通して学び続け、自分の世界を広げていくので、いくつになっても若々しく魅力的でいられます。パートナーからも、いつまでも新鮮な存在として愛されるでしょう。

ただ「運命数1」の男性の場合は、結婚後は仕事に熱中するあまり、家庭サービスは二の次になりやすいですから、結婚相手は細かいことをいわなくても、てきぱきと家事を切り回すような、しっかりした人が向いています。

しかし、男女ともにひとりの人に献身的に尽くすので、不倫に走ることはありません。夫婦の会話も多く、心も通い合い、晩年期まで夫婦仲はいたって円満でしょう。

【相性のいい運命数・悪い運命数】

「運命数1」の人と相性がいいのは、「運命数2」と「6」の人です。ともに温和な運命数で、ワンマン型で自己主張の強い「運命数1」を穏やかに受けとめてくれます。周囲の人間関係をうまく助けてくれたり、心を癒してくれるやさしさもあるので、「運命数1」の人にとってかけがえのないパートナーになるでしょう。

逆に相性がよくないのは、同じ「運命数1」の人。同じ性格なため、意見の対立や争い事が絶えず、心が休まる相手ではありません。

運命数2「知性星」の人の恋愛・結婚運

……結婚することにより運が上がる、家庭が幸せの基本

【恋愛運】

男女ともに、恋愛については早熟で、十代のうちから大恋愛をする人も多いでしょう。やさしく、穏やかで魅力的なので、異性が放っておかないのです。かなり年上の人にひかれてしまうこともあります。

ただ、「運命数2」の人は繊細なため、恋愛において取り越し苦労が多く、相手のちょっとしたしぐさに一喜一憂してしまいます。不安からもめ事を招いたり、自分から別れを切り出してしまうこともあります。気になることがあったら、遠慮しないで相手に訊ねてみること。そのほうが絆も深まります。

また、出会いの場では気後れしてしまい、踏み込んでいけずにチャンスを棒に振ってしまったりもします。もともと恋愛運はあるので、心が動いたなら、勇気を出して相手と関わっていくほうが、よい縁とつながります。

男性は大変モテるタイプですが、ここぞというところで押しが弱くなり、女性をイライラさせます。ときには強く出たほうが、女性の気持ちを引き寄せられます。女性の場合も非常にモテますが、かえって本命がしぼれずに晩婚になる人もいます。

男女ともに人の好き嫌いが激しく、本当に心を奪われない限り、真剣な恋愛には発展しません。その場の雰囲気で、一時的な関係を持ったりすることもめったにありませんし、一度心を決めたら一途に相手を思い続けます。

「運命数2」の人は感受性が強く、恋にはロマンティックなものを求めます。そのため恋愛の中に生活感が入り込んでくると、途端に冷めてしまいます。

争い事は好まないので、相手との調和を第一に考えます。そして献身的に尽くすことに喜びを感じます。ただしそれもすぎると愛情の押し売りになることも。くれぐれも相手に対して重い存在にならないように行動することです。

また、与える愛情が深い分、相手との関係が終わったときには、立ち直るまでに時間がかかってしまいます。より恋愛運を上げ、さらに素敵な人に出会うためには、もっと切り替えを早くして、ドライな感覚も持ち合わせることです。

【結婚運】

「運命数2」の人は、男女ともに結婚によって運が上昇します。自分にぴったり合った結婚相手にめぐり合ったなら、幸せは約束されたようなもの。

パートナーを探すときに大事にしてほしいのは、笑顔が素敵で、明るく行動的な人を選ぶこと。こうしたエネルギーにあふれた人が「運命数2」の人を支え、もり立ててくれるのです。ネガティブな人、消極的で自信のない人は避けることです。

結婚すると、相手をサポートすることにさらに生きがいを見出すので、パートナーにとっては尊敬できる頼もしい夫、かわいくてしっかり者の妻になります。パートナーを支える一方で、自分もまたパートナーから、精神面な安定を得て、落ち着いた生活を送ります。

「運命数2」の人は、独身でいるよりも結婚したほうがいいでしょう。もともと家庭が幸せのベースとなる人生なので、一人では生きられない人なのです。また、女性の場合、結婚よりも恋そのものを楽しみ、結婚することを避ける人もいますが、賢明な選択とはいえません。結婚に対しては常に積極的でいることです。

結婚後は、子どもにも恵まれやすく、男性ならよき父親に、女性なら良妻賢母になれるでしょう。女性の場合、仕事にキャリアを求めるような生き方は向かないので結婚後も仕事をするなら、家庭を中心にできるものを選ぶことが肝心です。

【相性のいい運命数・悪い運命数】

「運命数2」の人と相性がいいのは、「運命数4」と「6」の人。「運命数2」の人は相手との協調を重んじるあまり、自分の意見や考えがいえずに損をすることが多々あるのですが、その点、「運命数4」と「6」の人は「運命数2」の人の気持ちをよく察してくれるので、ストレスなくつき合えます。

相手に頼もしくリードされたいという人には、「運命数1」か「8」の人がベスト。多少強引でも、しっかりと引っ張っていってくれるので安心です。

相性が悪いのは、「運命数7」の人です。内向的な性格の「運命数7」の人は、「運命数2」の人にとってはつかみどころがなく、常に不安がつきまとうつき合いになってしまいます。またどちらも相手に寄りかかりたい気質なので、お互い甘えすぎて共倒れの結果になります。

運命数３「発展星」の人の恋愛・結婚運

……結婚にはこだわらず、納得できる相手を選ぶのがベスト

【恋愛運】

「運命数３」の人は、とにかく恋愛においては強気な人。相手との関係を発展させるスピードも速く、思いを伝えることや、自分をアピールすることが、誰よりもうまい人です。

また、**異性運も強く、自分で恋のチャンスを作り出す才能を持っています。**受け身の姿勢ではなく、自分自身で理想の相手を探し出そうとするパワーがあるのです。人から紹介してもらうことも好みません。恋愛においてもエネルギッシュです。

「運命数３」の人は、自分が先に惚れ込まないと心が燃えません。告白されておつき合いをはじめるよりも、自力で納得のできる相手と縁を結んでこそ、幸せになれます。

ところが、「運命数３」の人は、つき合う以前は相手のことをよく理解して、相手のしたいようにさせますが、恋人になった途端に態度が豹変します。相手を思い通り

に支配したい気持ちが出てきて、常に自分が主導権を握っていないと気がすみません。デートから結婚のタイミングまで、すべて一方的に自分のペースで物事を進めようとします。

そのため、相手を戸惑わせることもしばしばです。友人としての顔と、恋人としての顔が、まるで違いすぎるのです。しかし、積極性も度を超すと破局に至ってしまいます。相手の気持ちを尊重し、物事をふたりで話し合って決めていくようにすると、相手からも信頼が得られ、よいおつき合いが続きます。

また、「運命数3」の人は、**自分がどういった生き方をしたいかをはっきりさせておくと、その目標にふさわしい相手と出会いやすくなる**運命にあるのです。

自分はどういう仕事をして、どんなことを成しとげたいのか。異性とはどんなつき合いをしたいのかなど、できるだけはっきりと思い描いていると、そのビジョンにぴったり合った相手に出会えます。つまり、生き方がさだまっていないうちは、運命の相手にも出会えないのです。それを心にとめておくことです。

そして、恋愛、結婚するにあたって大切にしたいのは、男女の役割分担です。「運命数3」の人は、あくまでも男は男らしく、女は女らしくいることで、心豊かに生きられるのです。男性は女性をリードし、女性は男性に尽くすことが前提になります。日々の中で、お互いの性別的な役割があいまいになって、男同士、女同士のような関係になってしまうと、一緒にいて空しくなってしまうのです。相手にはっきりと異性を感じてもらえるように、言葉遣い、態度などに気を配って暮らすことです。

【結婚運】

結婚は、男女ともに早くても遅くても問題ありません。そして、**「運命数3」の人は結婚をしなければしないで幸せになれます。**ですから恋愛する際も、あまり結婚、結婚と焦らないようにすることです。

結婚後は、男性は完全なるワンマンぶりを発揮しますが、意外に細かいことには口出しせず、女性の裁量にまかせるさっぱりとした気質も持っています。ただ、相手側が相当理解と思いやりを持っていないと、破局を招くことが多いでしょう。

女性の場合は、面倒見のよい妻になりますが、「運命数3」が男性としての力強さを持つ数字であるだけに、ときに男性を精神的に負かすようなパワーが前面に出てしまい、相手を困惑させてしまうこともあります。

パートナーに対してあまり口うるさくいったり、指図をしたりすることは避けるべ

きです。思ったことをそのまま口に出すことも控えるように。それが夫婦円満の秘訣です。

「運命数3」の人にとってはパートナーに理解をしてもらえること、またお互い歩み寄りの精神でいることが破局を避けるポイントになります。

女性は結婚と仕事を両立できます。子宝にも恵まれるので、結婚すれば女性としてのすべての幸せを手にできる、充実した人生になります。

【相性のいい運命数・悪い運命数】

「運命数3」の人と相性がよく、一緒にいることでとくに運が上がるのは、「運命数1」「5」「8」の人です。なかでも「運命数1」の人とは、お互いの存在がよい刺激になり、自分の持っているよさが引き出されて、豊かな恋愛、結婚生活が送れます。

もともと、「運命数3」の人は基本的にどの運命数の人とも調和できる素質があり、マイナスの相性がないので、自分に合う相手を探すことはむずかしくありません。その分、他の運命数の人よりも、出会いに対してオープンになれる、得な人といえるでしょう。

運命数4「基礎星」の人の恋愛・結婚運

……マイホームパパ、良妻賢母タイプ。結婚相手としては最高の人

【恋愛運】

「運命数4」の男性は、女性に親切で、恋人には細かく気を使うタイプ。思いやりがありすぎるほどなので、同情心が恋愛に発展する場合もあります。

「運命数4」の女性は、遊びの恋愛とは無縁で、誠実なつき合いを好むタイプ。恋愛の相手も安定した人を選びます。

男女ともに結婚に結びつく恋愛をすることで幸せになれます。結婚によってよい運がつかめるので、目先のムードに流されて、安易に交際相手を決めることは避けてください。

相手選びのポイントは、「この人と、家族になれるかどうか?」に尽きます。

出会いの段階で、同じ屋根の下で、ファミリーとしてやっていけると思える人を選ぶべきです。自分のことはもちろん、親きょうだいまで大事にしてくれる人か、きち

んと見極めてから交際をはじめると、楽しく心があたたまるおつき合いになります。
ただ、「運命数４」の人は慎重すぎるため、せっかくのチャンスをみすみす逃してしまうことが多々あります。**ほんの少しだけ心をおおらかにし、より広範囲に相手を求めれば、出会いの機会はいっそう増えていきます。**

前述した通り、**結婚を前提にしない、ゲーム的な恋愛には向いていません。**いつまでも独身で次々と相手を変えるようなことをしていると、トラブルになりやすいのです。スリルのある恋愛を望む気持ちも出てきますが、それは想像の域だけにとどめておき、早く身を固めたほうが、精神的にも肉体的にも、また経済的にも安定します。

もともと恋愛が結婚につながりやすい運なので、相手選びさえ間違わなければ大丈夫。交際がはじまった時点で、一生添い遂げる気持ちを持って、誠実な姿勢で相手と向き合うようにすれば、必ず実ります。

また「運命数４」の人は、**お見合いで良縁に恵まれる場合も多い**でしょう。親族など、信用のおける人からの紹介であれば、積極的に会ってみることです。理想通りの相手に出会える確率も高く、その後のおつき合いも順調にいきます。

【結婚運】

結婚後は、何よりも家庭を優先すること。**「運命数4」の人にとって、家族というのは幸せの基本を作ってくれる人たち**なのです。女性の場合は家事や子育てに専念するのがベストですが、仕事を持つ場合も、まずは家庭ありきです。十分に家族のケアが行き届く範囲内の仕事を選ぶこと。自分自身も満足しますし、家族の結束力も高まります。

結婚後は、核家族ではなく、大勢の家族とともに暮らす機会が多くなります。パートナーの親との同居も、「運命数4」の人ならうまくやっていけるので心配ありません。そのにぎやかさも、よい心の支えになるでしょう。子育てをする時期には、多くの助けがもらえるので、悩んだり、行き詰まることもなく、楽しい育児ができるはずです。「運命数4」の人は決して不倫をしないこと。少しでも他の異性に気持ちが動いたりすると、深く悩んで、立ちゆかなくなってしまうのです。それで家族に悪影響が及んだりすれば、一気に運が下降します。

男性の場合、結婚後は家事なども進んで手伝う、家庭的な夫になります。ただし恐妻家になりやすいので、気性の激しい女性は避けたいもの。女性は家族に対して献身的で、うまく家事を切り回し、子どもにもよい教育をする良妻賢母になります。

「運命数４」の人は、家庭を持ったら、とにかく家の居心地をよくするようにしましょう。「運命数４」の人にとって、家庭はオアシス。ここでストレスがたまるようなことがあると、すべてが悪い方向へ動き出してしまいます。家にいるのが楽しいと思えることが、よい人生づくりの基礎です。

【相性のいい運命数・悪い運命数】

「運命数4」の人と相性がいいのは、「運命数7」と「9」の人です。お互い繊細で、地道な考え方なので、しっくりといきます。つらいときには助け合い、うれしいときには思いを分かち合える、息の合ったカップルになります。自分の長所もよくわかってくれる相手です。

反対に**「運命数3」と「5」の人とは、「運命数4」の人にとってストレスがたまる関係**になります。「運命数３」と「５」の人は、強引で野心家。冒険心も旺盛なので、「運命数４」の人の地道なペースが理解できないのです。いたずらに振り回されることが多く、静かな安定感のある恋愛を好む「運命数４」の人にとっては、心が疲れる相手です。

運命数5「行動星」の人の恋愛・結婚運

……………ドラマティックな恋愛を求めて次々と相手を変える「恋多きタイプ」

【恋愛運】

「運命数5」の人は、男性も女性もセンスがよく、会話も楽しくルックスも魅力的。**多くの異性から思いを寄せられます。**いつでもどこでも人気者なので、男性ならヒーロー、女性は女王様のような振る舞いをし、それがまた一段と魅力的に映ります。

しかし、人の好き嫌いが激しく、なかなか相手を決めることができずに、婚期を逃すおそれがあります。

気まぐれな性格なため、はじめはうまくいっていても、ちょっとしたことが気に入らず、途中で気が変わってしまうこともしばしばありますが、相手の誠意や思いやりを理解するように努めれば、「運命数5」の人の恋愛運は確実に上がっていきます。

ただ、**平凡な恋愛では満足できず、ドラマティックな要素を求めてしまうのが「運命数5」の人。**人に驚かれるような恋愛をすることに喜びを感じてしまうのです。周囲からの反対には、反抗心から恋心を燃え上がらせ、遠距離恋愛や、年齢差のあるつき合いなどもいとわないという調子です。さらに、その恋を実らせる力があります。「運命数5」の人は愛し愛されることに生きがいを覚えるので、ともすると愛するあまり、相手にべったり依存する傾向があります。それで相手が息苦しくなり、関係がギクシャクする場合もあるので、常に精神的な自立を心がけてください。

相手の重荷になるような行動や発言は慎み、さわやかで凛とした態度を保つことが肝心です。夫婦になっても相手のプライバシーは大切にし、双方が自由に、のびのび暮らせるように配慮すれば、お互いが癒しの存在となります。

【結婚運】

早婚のほうが、間違いがありません。結婚までの交際期間も、短いほうがまとまります。「運命数5」の人はつき合いが長くなるほど、迷いが出て決心がつかなくなるのです。そのため、せっかくの縁を手放してしまう場合が多いので、**「この人」と思ったら、思い切りよく決断すること。**

パートナーは、社交上手な人のほうが人生を華やかにしてくれます。誰とでも仲よくなれる穏やかな人が、「運命数5」の人にとってもっともよい相手です。自分から調和をしようと心がけなくても、自然に寄り添ってくれる相手だと、家庭にやすらぎを感じられ、ストレスのない日々が送れます。

同じ趣味を持つこともおすすめ。夫婦で同じ習い事をしたり、スポーツに興じたりすると楽しさも倍になり、さらに精神的に豊かになれる時間が過ごせます。

また、決して浮気心を起こさないこと。冒険心が強いため、浮気に対してもあまり抵抗がありません。一度関係を持つと本気になってしまい、家庭を壊すところまで行ってしまう可能性があります。

そして恋愛中から気をつけたいのは、相手の話をよく聞くことです。「運命数５」の人は思い込みが激しいので、勝手に解釈をしてしまい、相手との間に誤解が生じやすいのです。

とくに結婚後は夫婦の会話を多く持つように。相手に対して無関心になってしまった途端に、波風が立ちはじめるので、パートナーの考えや希望はいつも把握しておくべきです。相手の言いなりになる必要はありませんが、譲れるところは譲る姿勢を持ちたいもの。相手に完璧を求めないやさしさを持つことが、幸せの鍵です。多少の欠点には目をつぶる余裕があれば、結婚生活は安泰です。

また、「運命数5」の人は、仕事の大切さを知っているので、パートナーの仕事に理解が深く、相手が忙しいときもあまり文句を言ったりしないでしょう。しかし、ときにはふたりで休みを合わせて出かけたり、一緒に仕事を忘れる時間を作ること。相手の存在のありがたみを感じる機会を、意識して設けていきましょう。

【相性のいい運命数・悪い運命数】

「運命数5」の人は、同じ「運命数5」の人との関係が、もっとも自然で、心の充足度も高くなります。人の好き嫌いが激しく、相手に求めるものも多いので、「運命数5」の人は全運命数中、もっとも相性がいい相手を探すのがむずかしいといえます。「運命数5」同士のカップルは、大恋愛の末に結ばれるケースが多く、絆の強い夫婦として、仲よくやっていけるでしょう。**「運命数2」「3」**の人ともわかり合える関係を保てます。

反対に、**「運命数1」「4」「9」の人との相性はよくありません。**お互いに、相手の考え方が理解できず、意見の衝突が多くなります。

運命数6「調和星」の人の恋愛・結婚運

……恋愛には不器用。迷いやすい性格が裏目に出ると晩婚に

【恋愛運】

「運命数6」の人は、恋愛についてはやや不器用なところがあります。遊びの恋には向きませんし、そもそも縁もありません。**数多くの恋愛を楽しむよりも、一人の人とじっくり、長いつき合いを育んでいくほうが満ち足りる**のです。

恋愛と結婚は別という考えは持たずに、一生寄り添うつもりで、誠実なつき合いをしていくことが大切です。恋愛の延長線上に結婚があるという意識を持つことが、「運命数6」の人にはおすすめです。

恋愛においては相手のことを第一に考え、相手の嫌がることは決してしません。相手を批判することなく、まずは受け入れようとする心の広さがあるので、男女ともに慕われます。滅多なことでは怒らないのも好かれる理由です。穏やかであたたかな雰囲気が魅力なので、初対面の相手にひと目惚れされることも多いでしょう。

ただ、好意を寄せられることが多いのに、自分をアピールすることが不得手で、とくに男性の場合は、もうひと押しというところで縁が途切れてしまうこともありがちです。また、自分の思いを伝えることには消極的で、相手から告白されないとおつき合いに発展しないという、受け身の恋愛をする傾向にあります。

でも、それでまったく問題はありません。「運命数6」の人は、相手のペースに巻き込まれてしまうほうが幸せになれます。**好みでない人であっても、すぐに断らず、縁があったらまずはおつき合いしてみること**です。

「運命数6」の人の場合、「馬には乗ってみよ、人には添うてみよ」のことわざ通り、相手のことを知るためにも、実際に親しくなってみることです。思ったより自分にぴったりの人だった、という場合が多々あります。まさかこの人が、と思うような相手と縁があることもあるでしょう。

【結婚運】

結婚はこの人と思ったら、思い切りよく決断するとうまくいきます。迷いやすい性格なので、ぐずぐずしていると、かなり晩婚になってしまいます。

結婚後の生活は安定したものになります。ところが、ここで「足るを知る」ことを忘れると、途端に波風が立ちます。完全な家庭生活を追い求めて、干渉しすぎると、相手は嫌気がさしてしまいます。

元来持っている穏やかな心を忘れず、あるがままのいまを楽しむことです。あまり相手に過大な期待をせず、現在の暮らしが、自分にとってベストであると意識すると、結婚生活をいっそう深く味わえるようになります。

また、迷いやすい性格のため、男性の場合は浮気心が起きやすいのですが、決して上手に割り切った恋愛ができる人ではないので、踏みとどまることです。不倫という場面において、「運命数6」の優柔不断さはもっともよくない結果に出ます。

女性の場合は結婚したことで十分満足が得られるので、浮気とは無縁です。それよりも、日々の生活を丁寧に送り、相手と深く心を通わせることを望みます。

子どもができたら、大変子煩悩な親になります。大切に思うあまり、世話を焼きすぎて過保護になる傾向がありますが、独立心が育たなくなるおそれがあるので、ほどほどで止めておきましょう。

さらに子どもにかまけて、パートナーへの気遣いがおろそかになり、気持ちのすれ違いが起こる場合もあるので、要注意です。「運命数6」の人のよさは、相手に献身的なまでに尽くすところです。それを忘れないようにしましょう。

子どもの誕生後は、これまで以上に夫婦の時間を大切にするように心がけると、末長く仲のよい、息の合った夫婦でいられます。

「運命数６」の人の強みは、パートナーの親と、うまくやっていけることです。そのため結婚生活はより安定し、パートナーからの信頼も深まっていきます。

【相性のいい運命数・悪い運命数】

「運命数6」の人と相性がいいのは、価値観が一致する同じ「運命数6」の人。温和で家庭を第一に考える者同士、望むことが同じなのでしっくりといきます。また**「運命数2」「3」「5」の人**との恋愛や結婚は、お互いの努力によってみるみる幸福度が上がる相性です。

逆に**マイナスなのは「運命数7」の人。**つかみどころがないうえ、性格的に正反対なので、意見が合うことが少なく、衝突しやすい相手です。

運命数7「完全星」の人の恋愛・結婚運

……恋愛にはクール。〝ひとりになれる時間〟がいい関係を作る

【恋愛運】

「運命数7」の人は、神秘的なきっかけで恋に落ちることが多く、意外な場所で思いがけない出会い方をするなど、不思議な導きがあります。

ただ、恋愛に対しては、あまり躍起にならないほうがいいでしょう。無理に関係を深めようとしたりするのは逆効果。**自然体でいるほうが相手との関係も楽しめ、心豊かな恋愛ができます。**

また、思いをストレートに打ち明けることはしません。「運命数7」の人は、他の面では大胆な行動に出るのですが、恋愛に関しては意外に弱気で保守的なところがあるのです。

また、プライバシーを大事にするため、恋愛中もオープンなつき合いは避けるところがあります。デートではふたりだけになれるところを好み、大勢の人が集まる場所

へは行きたがりません。

【結婚運】

結婚は早ければ早いほど、よい縁に出会えます。遅くなるほど縁遠くなる傾向があります。「この人なら」と思える人に出会えたなら、若いうちに縁を大事にして成就させることです。

「運命数7」の人は、生涯のパートナーと決めた人は大切にし、結婚後は相手に対して心を込めて尽くしていきます。男女間の役割分担をはっきりさせれば、結婚生活はうまくいきます。

ただ、信頼関係を何よりも重んじ、心から尊敬できる人でないと満足できません。また、潔癖な性質ゆえ、相手のちょっとしたごまかしや嘘が許せず、厳しく批判したり問いつめて、相手をうんざりさせてしまうこともしばしばです。さらに、どんなに相手のことが好きでも、相手の長所と短所はいつも冷静に判断しています。

「運命数7」の人は元来完全主義者なので、相手にも完璧を求めすぎてしまうのです。それで相手がうんざりして、ついてこられなくなることもあるので、もっと寛大になる必要があります。

相手との関係がギクシャクしてきたなと感じたら、あまり騒ぎ立てずに、距離を置くのが賢明です。「運命数7」は孤独を愛する部分もあるので、べったりとした夫婦関係は性に合いません。

夫婦円満のコツは、お互いのプライベートに必要以上に踏み込まないこと。お互いの自由を尊重し、夫婦であっても、何もかもをわかり合おう、分かち合おうとしないことです。常に風通しのいい距離感を保っていれば、家庭間のストレスに悩むことはありません。

しかし、もともといろいろなことを体験してみたいタイプなので、男女ともに浮気に走りやすい傾向があります。ところが、浮気をしてもトラブルにはならず、それをよい経験として、仕事や自分磨きに還元していかれるのが「運命数7」の人。相手から何かを学んだりすることも多く、もちろん後悔するような結果にもなりません。

ただ、全運命数の中でも、「運命数7」の人は離婚をしやすい傾向にあります。その原因の多くは、気持ちのすれ違いです。相手との信頼関係を大事に考える「運命数7」の人は、それが失われたと感じたときは、もう関係を続けていけなくなるのです。こうなった場合は、無理に関係を修復しようとするより、自然の流れにまかせたほうが、後々よい結果になります。

「運命数7」の人は、離婚したことがダメージにならず、むしろ次の幸せにつながっていくので、思い切りよく決断するほうがいいでしょう。

【相性のいい運命数・悪い運命数】

「運命数7」の人と相性がいいのは、同じ「運命数7」の人。お互いの自由やプライバシーを大事にする点がぴったりです。**「運命数4」と「9」の人も、**穏やかで安定した性格であり、安心してつき合っていける相手です。

この、「運命数7」「4」「9」という相手は不思議に縁が深く、出会うべくして出会うという形になるので、その後の絆も固いものになります。

逆に**まったく合わないのは、「運命数2」と「6」の人。**お互いに自分の本心を明かさないため、本音で話すことができず、不信感を抱きやすいのです。

運命数8「支配星」の人の恋愛・結婚運

恋の障害が多いほど燃えるタイプ。相手が振り向くまであきらめない！

【恋愛運】

何事にも情熱を持ってあたる「運命数8」の人は、もちろん恋愛も情熱的。**恋のために命をかけるような激しさで、相手にぶつかっていきます。**思い込んだら押しの一手で、相手が振り向くまで決してあきらめません。

失恋をしても立ち直りが早く、あっという間に次の人を見つけてしまいます。

恋愛も結婚も、多少の反対など気にせず、押し通して成就させてしまうパワーの持ち主です。もともと刺激的なことが好きなので、障害が立ちふさがると俄然ファイトが湧いてくるのです。人から奪い取ることも辞さないところがあります。ライバルなど現れようものなら、その情熱はいっそう高まります。ここであまり冷静さを欠いた行動に出ると、大きなトラブルを招くので気をつけること。常に一歩引いた姿勢を心がけましょう。

「運命数8」の人はひとたび恋に落ちると、相手との関係に溺れてしまいがちです。喜怒哀楽が激しくなり、他のことが見えなくなって、道を誤るおそれもありますので、注意が必要です。

また、どんなに仕事が忙しくても恋愛のための時間は確保します。そうした気ぜわしい中でのデートや、スリリングなデートもまた、「運命数8」の人にとっては充実感が得られるものなのです。

なお、女性の場合は、年下の男性と縁があります。相手から頼られ、甘えられて幸せになる運です。

「運命数8」の人は男女ともに、年齢差があるほうがうまくいきます。同世代よりも、相手に対して寛大になれ、些細なことには目をつぶる余裕ができるからです。

【結婚運】

もともと常識的な型にはまったことを好まず、世間体もまったく気にしないので、**恋愛や結婚の形式にもこだわりません。**自由な自分らしいスタイルを選びます。当然、適齢期なども気にしません。

また「運命数8」の人は常に変化を求めて生きるため、男女ともに結婚したからといって、家に落ち着くようなことはありません。むしろますます暮らしに新しい風を入れるべく、休日は趣味に没頭したりして、独身のとき以上に活動的に動き回ります。

家庭的な幸せをついおろそかにしてしまうこともあります。度を超すと相手から見放されてしまいますから注意してください。

しかし、単調な生活が続くと途端にストレスがたまるタイプなので、定期的にストレスを発散させる工夫をすることも大事です。

「運命数８」の人の夫婦円満の秘訣は、家庭での会話を大切にすることです。結婚生活を送る中で、相手を理解しようとする気持ちがなくなると、意思の疎通がむずかしくなって、溝ができるおそれがあります。またプライドが高いので、自尊心を傷つけられると相手に対して嫌気がさしてしまいます。

しかし、離婚に発展することはまずありません。世間体を気にして結婚生活を守り通そうと努力するのです。

もともと恋愛が結婚に結びつきにくく、独身を通す人も多いのですが、その場合でも、心豊かになれる恋愛に恵まれるので、寂しさを覚えることはありません。よい恋愛をすることが人生の糧になる人だからです。

結婚を選ぶにしても恋愛を選ぶにしても、自分の本心に忠実に、自分らしさを大事にしていれば、明るい未来が開けていきます。

また女性の場合は、結婚することで経済力が上がります。

【相性のいい運命数・悪い運命数】

「運命数8」の人には、「運命数2」の人が大変よく調和します。「運命数2」のやさしさ、同情心は「運命数8」の情熱的な生き方を支えてくれるのです。**「運命数4」「7」「9」**の温和な性格の人たちも、「運命数8」にとっては気持ちが一致しやすく、心を許せる間柄になります。

反対に**気持ちが通じ合わないのは、「運命数1」の人。**相手の強引さに困惑したり、不満を覚えやすくなります。「運命数8」の人の根底には主導権を握りたい、相手を支配したいという思いがあるので、それがすんなりと叶わない「運命数1」の人とは関係が続きません。

運命数9「神秘星」の人の恋愛・結婚運

……………恋愛のペースはゆっくり。熱しにくく冷めにくい人

【恋愛運】

「運命数9」の人は、**どこか現実離れした、夢見心地の恋愛に憧れます。**

想像力が豊かなため、理想の相手像を事細かに描きすぎてしまう傾向があります。それが出会いを遠ざけてしまうこともあるので、ほどほどにしたほうがよいでしょう。

思いやりがあり、細かなところまでよく気がつきます。弱いものを大切にするやさしい心の持ち主ですが、秘密主義で、自分の本心をなかなか伝えようとしません。恋愛のペースは比較的ゆっくりしていて、燃え上がるまでに時間がかかります。

また、**熱しにくく冷めにくい人で、ひと目惚れはしません。**少しずつじっくりと思いを深めていく人です。つき合いがはじまったら、徹底してふたりだけの世界を大事にします。周囲にオープンにすることもありません。

感情を素直に出すのが苦手な反面、相手の本心を見抜く才能には長けています。ず

ばりと指摘して、相手をひるませてしまうこともあるため、つき合うのに疲れる人と思われてしまったりします。

また「運命数9」の人は、周りをあっと驚かせるような大恋愛を実らせることがあります。かなりの年齢差があったり、何の接点もないような別世界にいる相手であったりドラマのような恋をします。

そして、一度恋愛関係に入ったら、少しくらい自分が犠牲になっても相手に尽くしてしまいます。とくに自分を信頼し、愛してくれる人に対しては決して裏切ることなく、誠意を持って関わります。

【結婚運】

結婚は、早婚よりも晩婚のほうが、幸せになれる相手が見つかりやすいでしょう。

「運命数9」の人は若い頃は人を見る目があまりなく、思いを伝えることも上手でないことが多いので、ある程度の年齢まで待ったほうがいいのです。

いろいろな偶然が良縁を連れてくる運なので、自分が「この人！」と心から強く思える相手に出会うまで、たくさんの人とおつき合いしてみること。待ったかいがあったと思える最高のパートナーと必ず出会えます。

よきパートナーとなるのは、「運命数9」の人の繊細さや理想の高さを理解できる人です。

「運命数9」の人にとって結婚は、人生の大きな転機となるものです。はじめは苦労することがあっても、次第に好転していきます。

また、「運命数9」の人は一緒に生活する相手にとても影響されます。食事やファッションの好みはもちろん、性格までも変わってしまうこともあります。相手の色に染まりやすい傾向があるのです。

結婚後の夫婦関係もまた、世間の常識にしばられないユニークなものです。たとえば夫が料理や洗濯を担当し、妻が家の修理や車の運転をするなど、一般の夫婦とは違う面がみられるでしょう。

そして男女ともに不倫とは無縁です。浮気は自分の品位を落とすという考えを持っているからです。魅力的な異性が現れても、しっかりブレーキをかけます。それでも気持ちが抑えられなくなれば、結婚を解消してしまうほど、非常に潔癖な人です。

時折夫婦の間で、価値観が合わなくなることがありますが、そこで焦ったりしないことです。いつも相手の自由を尊重し、エゴを捨てて相手に接するようにすれば、うまくいきます。相手は大切な、数少ない自分の理解者と意識することが、関係を良好に保つ秘訣です。

【相性のいい運命数・悪い運命数】

「運命数9」の人にとって、もっとも相性がいいのは、「運命数2」「4」「7」「9」の人です。同じような趣味や目標を持つと、さらに相性もよくなっていきます。

とくに「運命数2」の人とは、出会った途端に意気投合して共鳴し合うケースが多いでしょう。「運命数2」の人の持つ愛情や献身的な態度に、自分もまたそれ以上の愛情を捧げたいと思う関係になります。「運命数2」の人とならば、「運命数9」の理想とするフィーリングを重視した、精神的にも向上できる恋愛が十分に味わえることでしょう。

反対に気持ちが合わないのは、「運命数1」と「5」の人です。相手の強引さに無性に反発したくなり、不満がたまる関係になります。「運命数9」にとって「運命数1」と「5」は、あまりにパワフルで、ついていけないと感じてしまい、精神的に疲れ切ってしまう相手なのです。

運命数11「革新星」の人の恋愛・結婚運

……………心のつながりを大切にする〝ロマンチスト〟

【恋愛運】

「運命数11」の人が恋愛に対してもっとも重要視するのは、精神的な結びつきです。心と心が日を追うごとに強くつながっていくような関係が「運命数11」の人の理想とするところです。

「運命数11」の人にとって、人生はパートナーありき。一人では生きていけない人なので、一人の時間が長くなるほどに、意気消沈してしまいます。**恋愛は生きるためのエネルギーで、よい仕事をする原動力にもなるのです。**

もともと、やさしく人当たりがよくて、相手に安心感を与えるため、大変人気のある人です。さらに異性に対しての許容範囲も広いので、それほど好きでなくてもつき合ってしまう傾向があります。

しかしそうした姿勢は、悪いことではありません。「運命数11」の人のパートナー選びは、**理想を追い求めるのではなく、まずは気軽におつき合いしてみるほうがうまくいきます。**そのほうが自分にぴったりの人に出会える確率が高いのです。

気をつけたいのは、恋愛を一番に考えないこと。恋愛のために生きているような状態になると、「運命数11」の人は生彩を欠き、魅力が半減してしまうのです。うまくバランスが取れれば、すべてにおいてよい影響がみられます。

恋愛に、物質的、金銭的要素が介入してくると、途端に冷めてしまうタイプです。恋愛には夢を求めるたちなので、即物的な満足感は、「運命数11」にとってあまり意味を持つものではありません。**一度相手を信頼してつき合いはじめたら、一途に思い続けていく人です。**

【結婚運】

比較的晩婚のほうが、幸せをつかめます。いろいろとおつき合いを重ねた結果、最後によい相手にめぐり合える運命です。

独身を通すことは避けたほうが賢明です。「運命数11」の人はパートナーの存在があることで精神が安定し、いい人生を歩むことができます。**ふたりで一人と思えるような、一体感を得られる相手を見つけることが、運を開く鍵です。**

パートナーには、相手も自分と同じく、精神面を重視する人を選びましょう。精神性よりも、物質的、金銭的な欲が先に立つ相手には、不満が高まり、最終的にすれ違ってしまいます。ただし、もともとすぐれた洞察力があるため、自分に合う人を本能的に察知できるので心配はありません。

結婚後はよき家庭人となってパートナーをフォローし、子どもが生まれたら、男性も女性も子煩悩でやさしい親になります。

また、男性の場合、仕事で成功するには、できれば家庭的で子ども好きの女性と結婚すること。そうすれば思う存分自分の力を発揮できます。女性もパートナーには精神的なサポートを求めるので、仕事一筋で家庭を顧みない男性にはあまり魅力を感じません。

結婚後に心がけたいことは、夫婦の間に距離を作らないようにする努力です。たとえば、同じ趣味を持つことが理想的です。そして結婚後もお互いを異性として認め合えれば、終生幸せに暮らしていけます。

ただ、単調な生活が苦手なため、家庭生活が退屈するものになってしまうと、刺激を求めて家庭以外の世界ものぞいてみたくなるのが「運命数11」の人。キッカケがあれば、浮気に発展することもあります。ブレーキが利かずにのめり込み、家庭を壊すところまでいくおそれもあるので、要注意です。

しかも「運命数11」の人は、ある日突然夢から覚めたかのように、愛情が冷めてしまうという、気まぐれな面を持っています。そのため離婚をする確率も高く、結婚、離婚を繰り返す人もいます。しかし「運命数11」の人にとって、離婚は人生において大きくマイナスに出やすいので、極力避けることです。

【相性のいい運命数・悪い運命数】

「運命数11」の人ととくに相性がいいのは、気高い精神性を理解してくれる「運命数2」と「11」の人です。一緒に気持ちを分かち合いながら、生活を上手に楽しんでいける組み合わせです。時間をかければ、**「運命数4」と「6」の人とも**気持ちが一致し、満足度の高い関係を作っていけます。

ただし**「運命数1」や「22」の人とは、**気持ちを合わせるのに苦労しそうです。家庭よりも仕事を第一に考える相手、金銭欲の強い相手には嫌悪感を覚えます。

運命数22「大幸運星」の人の恋愛・結婚運

……一瞬で恋をして、別れも突然。波乱含みの恋愛パターン

【恋愛運】

「運命数22」の人は、燃えるような大恋愛をしたかと思えば、あっさりと別れてしまうなど、極端なスタイルの交際の仕方をします。しかし、遊び半分の恋愛は好みません。いつも真剣に相手と向かい合います。

プライドが高いため、なかなか人を好きになれないところもありますが、社会的な地位やカリスマ性を持つ〝尊敬できる相手〟に出会った瞬間にひと目惚れしてしまう情熱的な面も持っています。

「運命数22」の人は、すべてにおいて自分が世界の中心であるという考えを持っています。自信も十分にあるので、自分の感情にまっすぐ添った行動、言動をします。恋愛でも結婚生活でも相手が自分の思い通りにならないと満足できない人です。

一度好きになったら、献身的に尽くしますが、嫌いになったときは手のひらを返し

たように、冷酷になれる人。「運命数22」の人は、とくに相手を尊敬できなくなったときに、愛情が冷めてしまうことが多いのです。

失恋することがあっても、立ち直りは非常に早く、いつまでもうじうじとしているようなことはありません。ただ、プライドを傷つけられた場合は、相手をなかなか許そうとしません。徹底的にやり込めなければ気が済まない、執念深さも持っています。

恋愛がはじまったら、隠し事は一切せず、オープンな交際をします。デートも華やかな場所ですることを好みます。結婚と恋愛ははっきりと分けて考えますが、いずれにしても相手を選ぶときは、自分の気持ちに忠実でいること。

【結婚運】

多くの出会いに恵まれるので、結婚相手はとくに慎重に選ぶ必要があります。そのときの勢いにまかせて、感情的になって決めてはいけません。あらゆる側面から相手を見極め、熟考したうえで決断することです。そして、自分が心の底から願った相手を選ぶべきです。

仮に障害があった場合も、躊躇する必要はありません。それを乗り越えられれば、いっそう固い絆で結ばれます。また、**結婚後は、相手と共通の夢や目標を持って、互**

しばしばです。

いに刺激し合えるような関係になります。

「運命数22」の人は、往々にしてワンマン亭主や女王様的妻になりがちなので、心の広い人を選ぶことが肝要。並の器の相手では、不満がつのって爆発するということがしばしばです。

ただし、「運命数22」の人はもともと強い運を持っているので、運命が結婚によって左右されるということはありません。波乱万丈な側面もある運命なので、平穏にはいかず、離婚する場合もあります。その場合も運勢に影響が及ぶことはありません。

女性の場合は、家庭に入っても男性をリードする立場になったり、地域やコミュニティーの中心的な存在になることが多いでしょう。

また、**「運命数22」の人は、既婚、未婚にかかわらず、生涯恋愛のチャンスに恵まれる運命です**。異性との出会いに対しては、いつもオープンでいると、一生恋愛を楽しむことができます。まさにこれは「大幸運星」たる「運命数22」の強みといえます。

そんな「運命数22」の人にとってのベストパートナーは、自分の考えを受け入れてくれて、安心してわがままがいえる相手です。とにかく、自分の考えは絶対であるという信念を持っているため、自分の主張に対して反発しない相手でなければしっくりといきません。真っ向から口答えをされてしまうと、「運命数22」はイライラしてしまうのです。

【相性のいい運命数・悪い運命数】

相性のいい相手は、「運命数2」と「6」の人。「運命数22」の人は、とにかく自分の考えを人に押しつけやすいのですが、平和主義である「運命数2」と「6」の人はそれを受けとめてくれるので、穏やかな関係が築けます。そのうえ誠実なので、「運命数22」の人のプライドの高さを傷つけることもなく、よい関係が長続きします。

相性が悪いのは、同じ「運命数22」の人。この数字同士の場合、王様が二人いるようなものなので、お互いがライバルになってぶつかり合い、征服しようとして敵味方の関係となってしまいます。互いに譲らず、ともに執念深いので、争いも深刻になりがち。恋愛自体が非常に疲れるものになってしまいます。

Part 5

〈貯蓄、株、不動産……〉

あなたが確実に「お金持ちになる」方法

運命数1「王冠星」の人の金運

……………一代で富と名声を築ける人

「運命数1」の人は、大変強い金運を持っています。しかし、恋愛運、結婚運、仕事運、健康運と、どれもそろって強いので、それぞれの運のバランスを考えることが大事です。全部の運を強く保つことはむずかしいですから、いま、どの運を一番伸ばしたいのかを、常に意識して生きることです。

金銭感覚にすぐれ、お金儲けは得意です。また思いがけないお金に恵まれるチャンスもありますが、遺産などには縁がありません。お金はあくまでも自力でつかみ、一代で財を築く人です。株や不動産などの投資運用で、大きな利益を上げる才能があります。「運命数1」の人の持ち前の冷静さ、すぐれた判断力と強い精神力があいまって、大きな取引を成功させます。

ただし、のめり込みすぎると引き際が読めなくなることもあるので気をつけてください。「運命数1」の人はとかく引き際を誤りがちなのです。お金に対してクールな姿勢でいることが、金運をつかむためにはもっとも大切です。金儲けに熱くなりすぎると、勘がにぶって大失敗してしまいます。

とはいえ、**本当にお金が欲しいと熱望すれば、必ず儲けられる運勢にあります。**「運命数1」の人は、大儲けをしたり、大損をしたりと、天国から地獄へ突き落とされるような経験もしますが、そうなると、より稼ごうという意欲が湧いてくるので、仮に金銭的に破綻してしまうことがあっても、失敗を成功の糧にできる人です。必ず盛り返せる運を持っています。むしろ平々凡々とした金回りが続くと、稼ぐことへの意欲が減ってしまいます。ただし、儲けることもうまいのですが、出費も多いでしょう。

また、「運命数1」の人は、人にお金を貸したり、他人の保証人になってはいけません。頼まれたら断れない親分気質は裏目に出ます。キッパリ断らないと、せっかくの金運にも見放され、後で大変な目に遭います。

とくに金銭面に関しては、情に流されるのは命取りです。冷たい人と思われるくらいでちょうどいいと思うことです。

必要以上に見栄を張らず、たとえケチといわれても、あくまでも自分流の金銭感覚を大切にすること。人からも信用されますし、お金もしっかり増えていきます。

運命数 2 「知性星」の人の金運

……コツコツ蓄えていく〝やりくり上手〟

「運命数2」の人は、基本的にお金儲けには向いていないのですが、不思議とお金に困らない運を持っています。節約上手で、まず浪費はしません。

お金は物を買うよりも、心の満足のために使いたいタイプです。旅行に行ったり、家族や親しい友人に美味しいものをごちそうしたり、こうしたものにはすすんでお金を使う人です。ただ、大きな買い物をするときは迷いやすく、なかなか買うものが決まらない、ということがよくあります。

お金を貸すことも借りることも嫌います。

けれど、家族や親類から借金を頼まれると、どうしても断り切れないやさしさと弱さを持っています。その結果、最終的にお金を返してもらえず、泣きを見ることもあります。とにかくお金のことを口にするのが下手ですから、貸す場合は、相手にあげるつもりでいたほうがいいでしょう。

「運命数2」の人がお金をつかむパターンとしては、親の遺産を受け継いだり、人からの援助を受けるというような、**他者からもたらされるケースがほとんど**といってよいでしょう。自力で大金をつかむことはあまり考えられません。

お金を増やす場合も、**自分で積極的に儲けるというより、むしろコツコツと倹約して貯めていくのが「運命数2」の人です。**節約はとても上手なので、気づいたらかなりのお金を残していたということもあります。

また、「運命数2」の人は投資の才覚はあまりありません。投資は思い切りのよさが必要ですが、「運命数2」の人にはそれがないので、生涯関わらないほうが無難です。それよりも、**手堅い不動産や定期預金で増やすほうが確実ですし、最終的に大きな財産となって残ります。**

また、どんなにピンチを迎えたとしても、うまい話には乗らないことです。これは金運を大きく落としてしまう行為です。困ったときは、信用のおける人に素直に相談してみましょう。必ず助けてもらえます。

運命数3「発展星」の人の金運

……浪費家だが金儲けのアイデアは豊富

「運命数3」の人は、生まれたときから金運に恵まれています。一生お金に困ることはありませんが、ただ、出ていくお金も多いのが特徴です。

「運命数3」の人は、かなりの浪費家です。あればあるだけ使ってしまうタイプ。買い物に行っても、いつも余計なものまで買ってしまいます。派手なもの、派手な暮らしを好み、なかなか地味な暮らしになじめません。しばらく買い物に出かけずにいると、欲求不満になったりします。また、人にプレゼントを贈ったりするのも大好きで、お金は出ていく一方です。

ところが、**「運命数3」の人はお金儲けのアイデアには事欠かない**のです。人が驚くような方法で、ちょくちょく臨時収入を得ることができるので、なんとか収支が合っていきます。出費した分はしっかり稼ぐため、極端な経済的ピンチを迎えることはありません。

そのおかげで、お金に困れば困るほど、お金儲けの方法を編み出していき、思わぬチャンスをものにしてお金を手に入れます。

また、**投資の才能があります。**株や不動産投資など、そのとき話題になっているようなものを選ぶとうまくいくでしょう。ハイリスク・ハイリターンのもので勝負するのも「運命数3」の人には向いています。ただし投資する場合は、運が上がっているときを狙って行なうこと。運の浮き沈みに注意してください。

また、せっかくよい投資をしても、回しすぎ、動かしすぎる傾向があるので、お金が手元に残らないことも多々あります。投資した分は必ず回収することを念頭におけば、財を成すことができます。

あまり快楽的にお金を使う習慣は改めたいものです。お金を使う他にも、ストレスを解消できる方法を見つけることが、「運命数3」の人には大事になってきます。**「運命数3」の人は、浪費癖に歯止めをかけてくれる、貯蓄上手でしっかり者のパートナーを選ぶと、さらなる金運に恵まれます。**

運命数4「基礎星」の人の金運

……………………お金にシビアな倹約家

お金に対してルーズでいることを好まないのが「運命数4」の人です。その性質が、**生涯にわたって安定した金運を呼びます。**常に収支決算がきちんとしているため、確実にお金は増えていきます。

大変健全な金銭感覚の持ち主です。たとえ思わぬ大金を得ることがあっても、子どもの頃から自然と身についた自分の金銭感覚を逸脱するようなことをしてはいけません。

基本的には大変な倹約家です。買い物をするときも、できるだけ安く上げたいと思い、リサイクル品も賢く利用します。

けれど、あまりお金を使うことに対してシビアになりすぎると金運が遠のくので、ほどほどの引き締め方を心がけたいもの。周囲からケチと思われない程度でいることです。

不動産などの投資や、株には縁がありません。あくまでもお金は自分の力で稼ぐもの、という意識が「運命数４」の人の安定した金運を支えています。

借金をしてまで、何かをしようという気持ちもないので、お金のトラブルに遭うこともありません。お金を増やすなら、積み立て預金など、堅実な貯蓄法がもっとも向いています。

また、趣味ではじめたことや習い事が、収入に結びつくことも多い人です。**自分のセンスを磨くことや、知識や技術を学ぶことにはお金を惜しまないようにすると、後々大きく返ってきます。**

「運命数４」の人は**中年以降に大きな富を得るチャンスがあります。**決してあてにしてはいけませんが、遺産を受け継ぐ傾向があります。このときに目先の欲にとらわれることのないように。こうしたときこそ「運命数４」の人の持つ堅実さを発揮させるべきです。

「運命数４」の人は、欲を出しては失敗してしまうのです。**無理することなく、お金に対して冷静でいることが、金運を高める秘訣です。**深刻にお金に困ってしまうようなことは、一生を通じてありません。

運命数5「行動星」の人の金運

……強い金運はあっても貯金は苦手

金運は基本的に強く、お金は入ってくるのですが、反面、出て行きやすいのが「運命数5」の人です。とくに人のために使ったお金が戻ってきません。結局回収できないで終わる場合が多いので、人間関係を壊さないためにも、人にお金は貸さないことです。

また、**意外なところでお金をつかむ運があります。**

自分の才能やアイデアで大金を稼げる人なので、自分にはどんな才能があるか、よく見極めて行動することが大切です。**ふっとひらめいたことが富につながるという、不思議な金運を持っています。**

「運命数5」の人は欲をかきすぎると大失敗します。とくに投資で欲を出すと、必ずといっていいほど失敗します。ほどほどのところでやめておくのが得策です。この、「ほどほど」の感覚を身につければ、一生お金に困ることはありません。

また、見栄でお金を使ってしまうところがあります。たとえば、車、ジュエリーなど、身の丈以上のものを無理して買うと、後で確実に反動がきます。その時点で自分の経済状態に一番合ったものを選ぶこと。先々もっとよいものが買えるほどには、お金が入るようになります。

また、気軽にローンを組んで、平気で大きな買い物をしたり、無計画にお金を使うのも「運命数5」の人の特徴です。気がついたら貯金が底をついていたということもあるので、金銭の管理は、パートナーなど信用のおける人にまかせたほうが失敗しません。

「運命数5」の人がお金を増やすためには、具体的な目的を持つことが一番。子どもの学費のため、老後の生活のためといった、目的があれば大丈夫です。

将来設計には関心のない人ですが、お金を増やすには、リスクの少ない安全確実な方法がもっとも適しているといえます。

「運命数5」の人は、将来の保障のことよりも、いま使うお金を求めすぎると金運を落とすので、少しずつでもプールしていこうという気持ちを持つようにしてください。

運命数6「調和星」の人の金運

……大金には縁がないがお金の苦労はしない

お金で苦労をすることはない一生を送ります。

「運命数6」の人は、大金には縁がありませんが、お金で苦労をすることはない一生を送ります。

元来、大金をつかむことよりも、安全であることに重きを置くので、自ら望んでそうした運を引き寄せているところがあるのです。また、人のために役立つようなお金の使い方をしたいと望む人です。

妙な野心を持つこともなく、きわめて堅実な金銭感覚の持ち主です。質素な生活を好み、衝動買いは「運命数6」の人がもっとも後悔する行動。不必要なお金の使い方をすると、むしろストレスを感じてしまいます。また、人がうらやむような大金を手にしても、「運命数6」の人はそれほど喜びを感じません。

あてにするのは、自分自身で稼いだお金だけ、という感覚を持っているので、株や不動産などの投資にも関心がなく、投資をするなら保険をかけるなど、将来に向けた、間違いのない資産運用をする人。また積み立て貯金などでしっかりお金を残していきます。

二十代、三十代、四十代、五十代と、**その年齢にふさわしいことを楽しむためのお金には困りません。**きちんと生活を引き締めながらも、楽しむときは楽しむという、「運命数6」の特性であるバランス感覚が、金銭面でも生きているのです。

生活のために、あくせく働くようなこととも無縁です。身の丈に合わないものは欲しがらないので、無理に収入を得ようと躍起になることもないのです。常にお金に対して淡々としている人です。

「運命数6」の人は、あまりお金に対して神経質になりすぎると、金運が下がってしまうことを覚えておいてください。自分が窮屈な思いをしているなと思ったら、赤信号です。

また、「運命数6」の人で金銭的に苦労をしているとしたら、それは仕事の選び方に問題があるか、パートナーとの相性の悪さに原因があるので、いま一度見直しをはかることです。

運命数7「完全星」の人の金運
……もっとお金を好きになることが金運を上げるコツ

「運命数7」の人は、人生を通して金運に恵まれています。予想外のお金を手にする幸運もあります。ただ、最終的にはお金が残ることはありません。もともと物質的な欲望が薄いため、金銭に対する執着もなく、関心も示さないのです。

無駄遣いはしないのですが、精神的なものにはまったく出費を惜しみません。旅行や各種のセミナーなど、自分の関心のあることには、徹底的にお金をかけてしまうのです。

また、教育費など、子どもに必要以上にお金をかける人です。いわゆる、標準的なお金の使い方ができない人といえます。しかし、それがめぐりめぐって、さらなるお金を呼ぶ結果になるので、なおさらお金を使うことに大胆になってしまいます。

株や不動産の投資話には乗ってきません。もともと緻密な作業に強いので、**予算を立てたり、限られた資金を有効に活用するマネジメント能力があり、収入の範囲でき**

ちんとやりくりできる人。積極的にお金を増やそうという気持ちがないので、その管理が面倒になってしまうのです。

「運命数7」の人は、お金より大事なものがあるという考えの持ち主です。それゆえ、ともするとお金に嫌悪感を抱いてしまいがちです。そうなったら金運は遠ざかってしまうので、十分気をつけることです。

金銭欲に走らないのは美徳ですが、もう少しお金に対して関心を持ち、**お金を稼ぐことは悪いことではなく、幸せなことという考え方をすると、「運命数7」の人の金運はさらに上がります。**

「運命数７」の人は基本的にお金のことに気を使うのを嫌がるのですが、何もかも人まかせにせず、個人的な資産程度は自分で管理をするようにすると、さらにお金との縁が強くなります。

得意の分析力を生かして、資産運用の勉強などをするのもいいでしょう。知識がついてくるにしたがって、お金に対する価値観もよい方向へ変わっていき、ほどよいお金の使い方が身についてきます。

運命数 8 「支配星」の人の金運

……………お金儲けの天才。最強の金運の持ち主

「運命数8」の人は、お金を稼ぐことに対して熱心な人です。加えて、**お金を増やすことに関しても天才的な才能があります。**意外な方法で、驚くような利益を上げて周囲を感心させます。お金を儲ける発想は限りなく豊か。何でもお金につなげる力のある人です。

投資も得意で、しっかり検討して選び、ぬかりなく運用していきます。ただ勢いにまかせて儲けるだけでなく、金銭感覚にもすぐれているため、お金が増えないはずがないのです。

お金に対する勘も鋭いですから、これはよさそうだと思ったことは、とりあえずやってみるとよい結果になります。

ただ、何事にも攻めすぎてしまうので、ときには守りに入ることも覚えておきたいもの。欲しい欲しいと願うばかりでなく、いまあるものを大事に思い、満足すること

も「運命数8」の人には必要なことです。

問題は、あまりお金儲けへの情熱がすぎると、倫理観を失ってしまうおそれがあることです。人に不義理をしてまで利益を得ようと思いはじめたら、直ちに軌道修正しなければいけません。無茶をしすぎて、大切な人を裏切るような結果になったら本末転倒です。

コツコツと貯蓄をする人ではありませんが、浪費はしないという、堅実なところもあります。心の奥底に、家族に苦労をさせたくないという強い気持ちがあるので、お金ははっきりした目的があるときにだけ使うという主義なのです。この金銭感覚が、生涯にわたって金運を上げる源となっています。

しかし、第三者が原因で、予期せぬ損害をこうむる危険があります。情にほだされて、急にお金を用立てたり、保証人になったりすることは絶対にしてはいけません。こうしたことから身を守るためには、お金のことを包み隠さず相談できる相手を、一人は持つようにするのが最良の方法です。

その人を大事にして、親しくつき合っていると、不思議と危険が遠ざかり、大損害に遭うこともなくなります。

運命数9「神秘星」の人の金運

……………………お金に無関心かエキスパートか両極端

「運命数9」の人は、**不思議な金運を持っており、目に見えない力に助けられていると、しばしば感じることがあるはずです。**

お金はあればあるだけ使ってしまい、なければないでなんとかなる人。金銭にしばられることは好みません。ただ、人のために使ったお金が、後で大きく返ってくることがあります。

気がついたらすんなりと大金を手にしていたり、自分ではその気もないのに、大金をつかむチャンスを与えられたりします。

また普通の人が使わないようなことに、散財する場合もあります。それも、物質的に満足することより、精神的な欲望を満たすことにお金を使うのです。

面倒なお金の計算は嫌いますが、何か目的がある場合には、通常の貯蓄法にこだわらず、自分のアイデアを生かして、マイペースでお金を貯めていくことができる人でもあります。

勘がよく、物事ののみ込みが早いため、投資のコツなどをあっという間につかんで、大成功する人もいます。一度お金の価値を知ると、突然会計や経済の勉強に精を出して、お金の達人になってしまう人や、人によっては必要以上の締まり屋になることもあります。

ことお金に関しては、まるで無関心でいるか、エキスパートになるか、両極端といえます。ただお金の価値は、若いときに知っておくほど、後々大きな財産が築けることを覚えておいてください。

金銭的に見栄を張らない性格なので、最終的にお金は残ります。身の丈に合ったお金の使い方をすることが自分の品格を守ると考えているので、あまりお金、お金と欲を出すこともありません。「運命数９」の人は、お金に対していつも理性をはたらかせていることがよい結果に結びつきます。

また、あからさまなお金儲けの話には嫌悪感を抱いてしまいます。お金よりも大切なものがあるという考えを強く持っているので、金の亡者のような人とは一切関わろうとしません。それも結果的に金運を上げる要素になっています。

運命数11「革新星」の人の金運

……………………貯金ややりくりは苦手。金運はパートナー次第

「運命数11」の人がもっとも苦手とするのは、お金のことに振り回されて、日々の生活が楽しめなくなることです。基本的にお金は夢や理想の実現のためにあるもの、という考え方。お金のやりくりはまったく得意ではありません。

ところが、お金に困ってしまったときには、なぜか人からの助けがもらえるので、決定的に困窮してしまうこともないという金運の持ち主です。

また、好奇心旺盛なため、いろいろなことに手を伸ばしたがる人です。とくに投資話に弱く、すぐに熱くなってしまって損をしたりします。

このときに、冷静で、堅実なパートナーがそばにいれば大丈夫。うまく軌道修正をしてくれます。**「運命数11」の人の金運は、パートナーにかかっていて、パートナー次第で良くも悪くもなるのです。**パートナーの金運が強ければ強いほど、自分の金運も上がります。結婚後は、夫婦で富を築いていきます。

また、**若い頃からお金を稼ぐチャンスに恵まれる人です。**無計画に使ってしまわないで、早い時期から貯蓄、節約の習慣をつけること。そうすれば一生お金に困ることはありません。

いつまでたってもお金が貯まらないという人もいますが、そのような人は、貯蓄する術を知らないだけ。「運命数11」の人は、若いときにしっかりとした金銭感覚、お金の知識を身につけることが、非常に大事なのです。

仕事で得るお金以外にも、思いがけない大金を手にするチャンスがあります。しかし、そのせいでトラブルに見舞われることもあるので、目先のお金目当てに寄ってくる人には要注意です。

くれぐれも他人に金銭の管理をまかせることのないように。トラブルのもとになります。パートナーをはじめ、損得なしで関わってくれる人は、大事にすることです。「運命数11」の人は、お金に対して、きっと入ってくるだろうといった楽観的な考えは捨て、比較的富をつかむことが困難であると自覚しておくべきです。それが金運を好転させる秘訣です。

運命数22「大幸運星」の人の金運

……大富豪になる可能性も大！

「運命数22」の人は、一生を通じてお金に困ることはまずありません。困ったとしても、すぐに協力者が現れて、助けられます。

とりたててお金のことなど考えていないのに、なぜかお金に恵まれる強運の持ち主。もともとすぐれた金銭感覚があり、お金を生み出す能力とファイトにあふれた人です。そこに強運が加わるので、まさに〝鬼に金棒〟なのです。

浪費しがちな部分もあるとはいえ、使えば使っただけ入ってくるので、お金のことを考えなくても、いつも財布が潤っているタイプです。

株などの投資にも鼻が利きます。本能的に富を探り当てる動物的勘があるので、成功します。気をつけるのは大きな成功をおさめたときです。周囲から嫉妬を買い、金銭トラブルに巻き込まれることがあります。

加えて、お金を稼ぐために、いろいろなことを制限したり、我慢するといったことには無縁です。お金に関してストレスを感じると、せっかくの強運に影が差してしまいます。お金に対しては、自然体でいることを心がけましょう。

そして気をつけたいのは、安易な儲け話にうっかり乗らないことです。危険な感じが少しでもしたら、やめておくこと。それによって、富をすべて失う可能性もあります。お金に熱くなりすぎるのは、「運命数22」の人らしくない行動です。

手にしたお金は、少なくとも倍に増やせるという、運の強さがあることを忘れないで、**お金に対してゆったりと構えていることが、さらなる運を招きます。**自然の流れにまかせておくのがベストです。

また、「運命数22」の人は、比較的人の厚意を当然と考えがちなところがあります。これが金運を下げる大きな原因になります。ごちそうになったり、何か助けてもらったときには、必ず感謝の気持ちを伝えて、お礼をする習慣をつけましょう。**相手に対しての礼儀を守ることが、「運命数22」の人がさらに豊かになっていく秘訣です。**

なお、**いわゆる「超」が付くお金持ちの人たちを調べてみると、そのほとんどが「運命数22」の人です。**このことからも、「運命数22」の人には類《たぐい》まれな金運があることがわかります。

Part 6

〈努力が報われやすい時期、夢が叶う秘訣〉

誰でも自分に合った仕事で成功できる！

運命数1「王冠星」の人の仕事運

……出世コースに乗って、メキメキと頭角を現す実力派

リーダーの星のもとに生まれた「運命数1」の人は、**人に使われるより使う立場になったほうが能力を発揮します。**

社会に出たら早い段階で役職に就くように努力しましょう。ビジネスチャンスに恵まれ、人脈も広がり、大きく飛躍することができます。

「運命数1」の人特有のパイオニア精神を生かして自分で会社を興したり、新規プロジェクトを立ち上げたりという道を選ぶと成功します。

人からの指示に従うのでなく、自分の裁量で進められる仕事についてこそ、本来の能力が発揮されます。

ただし、くれぐれもワンマンにならないように。成功の度合いは、トップに立ったときにどれだけ協力者やアドバイザーを得られるかで違ってきます。**いつも相手に敬意を払い、謙虚な心を見失わないことが大成の鍵です。**相手に心を開いて接すること

です。

「運命数1」の人は仕事をするうえで、いまの仕事しかないと思い込まないことです。現在の仕事がどうしてもうまくいかなかったら、他にも合う仕事があるかもしれないという可能性を信じ、活躍の場を広げてみましょう。自分の隠れていた才能に気づいたり、それを生かせる場所で働けるようになったりします。また、二足、三足のわらじの履ける人でもあります。

女性も管理職として人の上に立つ実力があります。人を指導し、育成する手腕を買われて成功するでしょう。また男女を問わず、一国一城の主として独立できる資格を取ることもおすすめです。

思うようにいかずにくすぶる時期があっても、決して悲観しないでください。「運命数1」の人には、生涯にわたってチャンスがめぐってきます。

そしてどん底に落ちてもそれを跳ね返すだけの力を持っていますから、どんなときでも成功した自分をイメージしながら、歩んでいきましょう。

運命数2「知性星」の人の仕事運

……………すぐれた参謀役として才能を発揮

「運命数2」の人は、創造性にすぐれているので、**組織やグループの中では、アイデアマンとして認められる存在です。**豊かな発想で、人が思いつかないようなアイデアを出して、企画やPRといった部門で成功します。

しかし、組織の中ではあまり自分を前面に出さないこと。あくまで黒子に徹し、人を引き立てていくようにすると、めぐりめぐって確実に高い評価が得られます。

また「運命数2」の人は、いきなり自分の適職に出会うというケースは少なく、自分に合った仕事、職場を転々としながら探していく傾向があります。最終的にはベストなものに出会えるので、いろいろと動いてみるとよい展開が得られます。合わないところでずっと我慢をしていると、運も下がってしまうのです。**中年期に最大の幸運が訪れますから、それまで自分自身のスキルを絶えず磨き続けること**です。

男女ともに深い愛情の持ち主で、細かいことによく気がつくため、このやさしさが生かせる仕事に就くことをすすめます。やさしさを必要とする仕事は、「運命数２」の人の天職です。**人を癒したり、勇気づけたりと、思いやりなくしては成り立たない仕事で大きな成功を得ます。**

具体的な職業でいえば、カウンセラーや看護師、作業療法士、ヘルパーやケアマネージャーなどの福祉・介護関係。相手の痛みや悩みを親身に受けとめる懐の深さで、なくてはならない人として、信頼されます。また人をはぐくむ才能があるので、保育士やベビーシッターも適職です。

秘書向きの人でもあります。気が利き、リーダーの身になって仕事をすすめることができるので、唯一無二の存在として大事にされ、リーダーの片腕となります。男性の場合は、女性的な視点でものを見ることができるので、女性相手の仕事に非常に適しています。女性向けの商品の開発や、美容関係の仕事にも天職が見つかります。

また、芸術的な才能も豊かなので、生来の繊細な感覚を生かして、画家、作家、カメラマンといった表現の世界でも大いに活躍できます。

いずれにせよ「運命数２」の人は、どんな仕事をするにしても、そこに「奉仕の精神」を込めながら働くことを心がけるとうまくいきます。

運命数3「発展星」の人の仕事運

組織のムードメーカー。出世コースを歩くエリートタイプ

「運命数3」の人は、**独立するよりも組織の中で、一企業人として仕事をするほうが、よい結果が出せます。**大企業の出世コースを歩むエリートタイプに多く、常に注目を浴びるような活躍をします。チームで働いてこそ力を発揮しますし、人と接触し、刺激を受ければ受けるほど、仕事の幅も広がっていくからです。

若い頃に苦労する人ほど後になって、周りがびっくりするような実力をつけていきます。

負けず嫌いな性格も、組織の中では有利にはたらきます。突然のライバル登場、といった場面では、人一倍ファイトを燃やします。ライバルの存在を大きな原動力にして、がむしゃらにがんばっていたら、いつの間にか出世コースに乗っていた、というのが「運命数3」の人です。

逆に、孤独な作業が続くと意気消沈してしまうため、**一匹狼的な自営業やフリーラ**

ンスには向かないタイプといえます。

「運命数3」の人は好奇心旺盛、気のむくままに何でもトライしてみたい人です。そのため、複数の職業を持つ人も出てきますが、何が自分の本業なのかわからなくなる場合もあるので、自分に適した仕事をひとつ早い時期に決めておくこと。それが自分自身の基盤になり、仕事運を安定させてくれます。

職業は、自分のセンスや感覚を、企業の中で生かせるようなものを選ぶと成功します。「運命数3」の人ならではの社交性、そして時代の流れを読める感性で、出版業や広告業では、高い評価が得られます。

保育士、介護士といった、人の世話をする仕事にも才能があります。人間関係のストレスを、人と関わることで解消できるほど、根っからの人間好きなので、こうした福祉系の仕事にはやりがいが持てます。

また「運命数3」の人は話術に長けているため、相手を説得したり、納得させたりするのはお手のものです。理論的でありながら、かつ情に訴える話し方で人をひきつけます。営業や講師、各種のアドバイザーなど、人と話すことが重要な仕事を選ぶことも仕事運を上げるポイントになります。

運命数4「基礎星」の人の仕事運

……コツコツと実績を積み上げて結果を残す職人タイプ

その場の空気を読むことが得意で、周囲との協調性もすぐれているため、**個人プレーよりもチームプレーで成功するのが「運命数4」の人。**上司や同僚の力を借りながら着実に成果を上げていきます。几帳面《きちょうめん》さ、粘り強さを発揮し、ぐんぐん実力を伸ばしていきます。

「運命数4」の人は、職場内では広く浅い人間関係を作るよりも、本当に信頼のおける人と長くつき合っていくことです。協力者、味方を大事にすることが決め手で、**人間関係が仕事運に直結します。**常に誠実な態度で相手と接するようにしてください。

人との関係が深まるほど、仕事への意欲も増し、周囲の引き立てで実績を上げていきます。ただ、物事を堅苦しく考える傾向があるので、もっと柔軟な考え方をするように意識すると、いっそう仕事がしやすくなります。

ライバルが現れたときは、むやみに刺激されず、淡々と自分の姿勢を保って、クールでいること。心の安定を失ってしまうと、「運命数４」の人は仕事のパワーが落ちてしまいます。集中力が必要とされる緻密《ちみつ》な作業を、マイペースでコツコツやることが、もっとも「運命数４」の素質が生きるやり方なので、何にもまどわされることはありません。

資格を仕事に生かすことも、「運命数４」の人に合った働き方です。その際は、簿記や財務など、堅実なものほどいいでしょう。定年まで勤める人が多いのも、組織内の厳しい管理体制に耐えていける強い精神力のたまもの。公務員向きの人でもあります。

職業では、経理、薬剤師など、入念な注意を必要とされる仕事に適性があります。また、自衛官や警察官も向いています。組織内での厳しい訓練に耐え抜ける芯の強さが光り、周囲から一目置かれる存在になるでしょう。

結婚している女性の場合は、家庭をおろそかにしない程度に仕事をすることが大切です。家庭より仕事に重点を置くようになると、家族の結束力がダウンして、いろいろなところに悪影響が現れてしまいます。自宅で着付けや料理を教えるなど、家事の延長的な仕事は、家庭と仕事のバランスも取れるので「運命数４」の女性向きです。

運命数5「行動星」の人の仕事運

……………………ビジネスセンス抜群！大成功者タイプ

「運命数5」の人はとにかく、コミュニケーション能力が高く、サービス精神が旺盛なので、**人目を引く仕事は天職です**。タレント性が必要とされる仕事につくと、人気者になれます。もちろん芸能人にも向いています。

流行を取り入れるセンスにすぐれ、時代の先端で活躍できる人です。**知性、才能、エネルギー、個性という、成功に必要な要素をすべて持っているので、独立にも向いています**。また、サイドビジネスにも関心が高く、本業とうまくバランスを取りながら利益を上げていく才覚もあります。

仕事運を上げるためには、部下を大事にするのを忘れないこと。「運命数5」の人は頭が切れ、行動力があるので、若いうちからエリートコースを歩む人が多いのです。そこで天狗になってはいけません。部下に恵まれているからこそ、仕事で結果が出せるのだと認識していくこと。部下に限らず、仕事で関わる人とは、くれぐれも調和を保つことです。「運命数５」の人の運は、人とのコミュニケーションによって上がりますから、仕事上で敵を作ると、行き詰まってしまいます。

「運命数5」の人が仕事を選ぶにあたってもっとも大切なことは、心の満足感が得られるかどうかです。自分の夢を実現できるような仕事がベストです。心の底からやりたいと思える仕事に就けば、成功したも同然。

やりたくないことを、お金のため、世間体のためという理由で嫌々やるのは避けること。せっかくの才能が無駄になり、仕事運がどんどん下降してしまいます。仕事に対して空しさを感じるようになったら、転職を考えるときです。

女性も仕事に生きがいを感じ、働くことでイキイキとした、自分らしい人生を送れます。「運命数５」の女性はやりたい仕事にとことんこだわり、努力を重ねれば生涯第一線で活躍できます。

なお、中年以降になったら、福祉関係の仕事に就くと、才能と資質が再び大きく花開きます。人から慕われ、愛されるキャラクターが存分に生かせ、相手から必要とされる、よいヘルパー、ソーシャルワーカーなどになれます。

運命数6「調和星」の人の仕事運

……ボランティア精神が生かされる仕事が天職

「運命数6」の人は、**人と力を合わせて達成していく仕事に縁があります。**独立には向きません。個人で仕事をするより、チームの一員として働くほうが力を発揮でき、仕事への満足感も高くなります。気遣いもうまく、人に信頼感を与えるので、どのような仕事でも自分を生かすことができます。

ただし、金儲けのみが中心であるような仕事に対しては空しさを覚えてしまいます。自分の仕事が人の役に立っていることを実感できないと、意欲が湧かないのです。**充実感と満足感を大事にすることで、よりよい仕事運がめぐってきます。**

また、「運命数6」の人は、仕事上であまり新しいことをしようとしないこと。新たな開拓を考えるより、現在のシステムで確実にやり通すほうが実績も上がり、人からも認められます。

そしてビジネスと割り切る仕事よりも、人を喜ばせたり、助けたりする仕事を選ぶと、自分自身が成功するのも早くなります。教師、小児科の医師などはとくに向いています。社会福祉関係の仕事にも適しています。

「運命数6」の人には転職は勧められません。迷いやすい性格ゆえ、次の職場はもっといいのではないかと思いやすいのですが、それには根拠が見つからないはず。**一カ所の職場で、じっくり腰を据えて働くほうが、仕事運も金運も上がります。**

また、親の仕事を引き継ぐ運も持っています。親が確立したシステムを忠実に引き継げるので、二代目向きの人でもあります。先代の実績をさらに伸ばし、うまく発展させていきます。

ただし、自分が雇い主になった場合は、ビジネスに情けは禁物です。ときにクールに、ビジネスライクにものを見る姿勢も身につけていくこと。慈悲心につけ込んでくる相手も現れるので、要注意です。

女性も組織の中でのチームワークをことさら大事にして働くと、大成できます。また、サービス精神が旺盛で、細かなところによく気がつくので、人を癒す仕事でも成功できます。看護師、セラピストなどが適職。家庭との両立も、持ち前のバランス感覚で上手にやっていけます。

運命数7「完全星」の人の仕事運

……マイペースで独立独歩。フリーランスで活躍するタイプ

「運命数7」の人は、物事を完成させる喜びを味わえる達成感のある仕事が天職です。組織の中でもそれなりの実績は上げられますが、チームワークを重んじるよりも、個人の力が反映される仕事のほうが大いに実力を発揮できて、飛躍するチャンスも増えます。

組織の中の人間関係には、とくに気を配ること。我を張らずに、周囲の人の意見によく耳を傾けるようにすると、伸びていくうえ、上司からの引き立てで、より責任のある仕事を得ることもできます。

独立をする場合は、事前に調査、分析を十分にしてからです。そこで少しでも迷いがあったら見送ること。完全にゴーサインが出るようであれば、成功します。勢いだけでやってしまうと、必ず失敗することを覚えておいてください。元来、独立には向く運を持っているので、スタートの時期だけは慎重に見極めることです。

また、偶然起きた出来事にチャンスが隠れています。**思いがけないハプニングがあったら、そこに仕事のヒントを探してみることです。**

適職は、コンピュータ、法律、会計関係など、細やかな分析や調査が必要とされるもの。学術研究にも向いています。美的センスもすぐれているので、スタイリストなどファッション関係でも活躍します。

神秘的なものに関心を持ちやすいので、占い師、ヒーラーといった、人の心を癒す仕事にも適性があります。不思議な魅力にひかれて、固定ファンも多くつきます。

女性の場合は、仕事を取るか、家庭に入って家事、育児をするかのどちらかに道が分かれます。ひとつのことに専念することで運が上がる人なので、二足のわらじを履くことはむずかしいといえます。

自分の気持ちが家庭のほうに傾いているなら、家庭を最優先できる仕事を選ぶこと。どちらも両立させようとするのは、自分のためにも家族のためにもやめるべきです。

運命数8「支配星」の人の仕事運

……もっとも出世運、ビジネス運が強い〝仕事の鬼〟タイプ

「運命数8」の人は、仕事が趣味であり生きがいで、一生現役でいたいと思うタイプ。全運命数の中で、「運命数8」の人は**もっとも強い商売運を持っています。**超一流企業の創立者に、「運命数8」の人は大変多いのです。

成功の鍵は積極性です。守りに入ってしまうと、「運命数8」のよさは発揮できません。多少図太いくらいの精神で、どんどん挑戦すること。この攻めの姿勢が、新たな成功を呼び込むのです。少し自分が控えめになってきたなと思ったら、仕切り直しのときです。

職選びをするときは妥協せずに、とことんこだわって決めることです。安易に飛びつくと、よい結果に結びつきません。なかなか納得できる仕事に出会えなかったら、辛抱強く待つことです。

独立を考えるなら、少しでも若いうちに始めるほうがうまくいきます。それも人が

考えもしないような、**一風変わったアイデアを生かした仕事で成功します。**バイタリティーも十分、仕事をどんどん大きくしていく人です。

組織で働く場合にも、この起業家気質を生かすと成功します。リーダーの器でもあるので、豊富なアイデアを提案していくことです。指示を待つだけでは、「運命数8」の長所は生かされません。

仕事への熱意が、よき先輩や上司に認められると、さらに伸びていきます。「運命数8」の人は、こうした**尊敬できる人からよいアドバイスをもらうことでどんどん成長できます。**

セールス関係、サービス業でも手腕を発揮しますが、その際もよきリーダーに恵まれると、よりよい業績を上げられます。

女性の場合は結婚後も、家庭に入らずに仕事を続けるといいでしょう。大きな成功を得たり、男性と互角に仕事ができる人です。また、営業のセンスにすぐれており、細やかさや、親身になって相手のことが考えられるやさしさで、頭角を現します。体力勝負にも、気配り勝負にも強いので、医療関係など心身ともにタフであることが必要とされる仕事でも活躍できます。

運命数 9 「神秘星」の人の仕事運

……夢やロマンを追いかける情熱家

「運命数9」の人は、**世のため人のために尽くせる仕事に情熱を覚えます。**高い理想に支えられ、疲れを知らずに働くことができる人です。そこに自分の内面を表現することができると、よりいっそう才能が開花します。仕事で人と関わるときには、自分の考えや思いを積極的に伝えるようにすること。

また神秘的なものを追い求めると成功します。占い師、作家、画家、音楽家として、神秘な世界を表現するのに適しています。美的センスもすぐれているので、芸術関係でも成功します。豊富なアイデアを生かした、企画関係も向いています。

いずれにせよ、「やりたい！」とひらめいたことはすぐにやってみることです。**直感にしたがうことが成功の秘訣**です。

さらに成功をおさめるためには、自分の苦手分野から逃げないこと。がんばって克服すると、運が強くなります。

ただ、周囲を気にせずマイペースで突き進んでしまいやすいため、気がつかないうちに反感を買っていることがあります。敵を作りやすい人なので、常に周りの人たちへの気遣いを忘れないことです。人に不愉快な思いをさせると、運も下がってしまいます。

コンサルタント的な仕事にも適性があります。困っている人に助言をするのは「運命数9」の人の得意なことのひとつ。相手の気持ちを受け止める感受性もあり、そのアドバイスは大変評判になります。

「運命数9」の人が大きな富を得るには、仕事への情熱を常に一定にさせておくこと。初心に帰ると、モチベーションがアップします。

ただし、「運命数9」の女性は、仕事で活躍すればするほど、生活が派手になって、お金も出やすくなります。家庭に入るのであれば、パートナーの収入でやりくりするほうが、金銭面でも精神面でも豊かになれます。

また「運命数9」の人は、妥協をすると運が下がります。気の進まない仕事は、思い切って断る勇気を持つこと。渋々引き受けても、よい結果に結びつきません。

運命数11「革新星」の人の仕事運

……………………独特の光るセンスで成功する芸術家タイプ

「運命数11」の人は、とにかくエキセントリックな感性の持ち主。**普通の人にはない、独特の光るセンスがあります。**これを生かせる仕事に就くことが成功への近道です。

組織の中で働く場合は、あまりきっちりと管理されていないポジションにいることが理想。自由に意見を述べられるような環境が得られれば、才能が発揮されます。

独立にはもともと不向きです。一人では仕事に行き詰まってしまうのです。「運命数11」の人はパートナーによって運が上がるので、金運同様、仕事もパートナーにバックアップされながら発展していきます。

コンビを組んでやる仕事によい縁があります。組織の中でも、いいパートナーに恵まれれば非常に伸びます。お互いがお互いの運を上げられるのです。共同経営という形もおすすめです。

また、「運命数11」の人にとって大事なのは、働き心地のいい自分に合った環境を選ぶ、ということです。自分にとってのベストな場所を見つけるために、職場を転々とする人もいますが、**最終的には必ず自分の働くべき場所を見つけることができます。**

流行にも敏感で、常に時代の先を歩んでいる人ゆえ、独創的なセンスが生かせるファッション、美容、広告関係で活躍できます。写真家、画家などにも向いています。

独自の視点を持っていることから、学者、研究者としても、一風変わった功績を残すでしょう。福祉関係など、社会貢献や人に尽くす仕事でも成功できます。

「運命数11」の人は、単なる金儲けだけの仕事では精神的に満たされず、働きがいが感じられません。

また、大きな夢を持ってはじめたことが、なかなか花開かない場合もあります。何年も下積みが続く人もいますが、歩みを止めなければ最終的には必ず目標を達成できますので、あきらめずに続けることです。

「運命数11」の女性は、結婚後も仕事は続けること。要領よく、仕事と家庭を両立させていける人です。家庭におさまってしまうと、運が停滞してしまいます。仕事を持たない場合には、ボランティア活動をすると精神面でも満たされます。

運命数22「大幸運星」の人の仕事運

……………強運でスケールの大きい！政治家タイプ

「運命数22」の人の**持って生まれた運の強さは、仕事運にも及び、自分の好きな仕事で大活躍できます。**したがって、仕事を選ぶ際には自分がそれを望んでいるかどうか、しっかり自分に聞いてみること。嫌々就いた職業や、人から強制されてやらされている仕事では、この強運が生かせません。成功のポイントはただひとつ、好きな仕事を選ぶことにつきます。趣味ではじめたことが認められて、本業になってしまう人もたくさんいます。

大変器用で、どんな仕事でも、初心者のうちから早々に熟練してしまう勘のよさがあります。それゆえに仕事を軽く見てしまう傾向もあり、足をすくわれてしまう人もすくなくありません。

そこで運を落とさないためには、常に今の自分に疑問を持ち続け、さらなる高みを目指すことです。よりスケールの大きな仕事ができるようになります。

「運命数22」の人は、現状に満足すると、せっかくの強運が生かせなくなることを覚えておいてください。「運命数22」の人が成功するには、自分の意志で決断し、人を動かしていくポジションにいることが不可欠です。長いこと人に指図される立場にいると、気勢がそがれてしまうので、このような場所からはなるべく早く抜け出せるよう精進しましょう。

もともと脚光を浴びやすいタイプであり、人気商売で頭角を現す人です。政治の世界でも出世する素質があります。また、浮き沈みの激しい芸能界でもやっていけるタイプです。協力者も多く、次々にチャンスをつかんで人気者になります。

気をつける点は、持って生まれた運の強さや、周囲の人の尽力のおかげでうまくいっていることを、いつも認識していることです。「運命数22」の人が落ちぶれていくときは、強運にあぐらをかいて、自分の味方を大切にせず、敵に回してしまったときなのです。

「運命数22」の女性は、とうてい家庭にはおさまりきれません。お金は二の次に考えて、人の役に立つことや、社会貢献ができることを、関心のおもむくままにやっていくと、気がついたら大金が入っていたという結果になります。

Part 7

運命数でわかる「年運」「月運」

〈この年、この月にあなたはどう変わるか〉

欲しいときに、欲しい運を手に入れる！「個人年運数」「個人月運数」

これまでの各章で、あなた自身の性格や恋愛、結婚、相性、また仕事や金銭面の傾向、そして一生のリズムについてみてきました。ここではさらにあなたの才能や運を生かすチャンスに出会うために、自分の特定の「年」と「月」の運勢を見る方法を紹介しましょう。

カバラでは、ある特定の年の自分の運勢を「個人年運数」、同じく特定の月の自分の運勢を「個人月運数」としてあらわします。

これをみれば、自分の特定の年・月の運のアップダウンがわかります。運勢の好調時なら、自信を持って大胆な勝負に出ることでさらなる発展が望めますし、低調な時なら細心の注意を払って自重をして、大難を小難に変えることができます。

この年、この月、あなたに何が起こるのか——。

数年後、数カ月後の自分をみることもできますので、結婚、転職など、人生の大きなイベントを考えるときにも、重要なアドバイスを与えてくれます。

人生を切り開いていくための、心強い指針になることでしょう。

一年間の運勢を占う――「個人年運数」の出し方

個人年運数を知るには、
①自分自身の生まれた月日（生まれ年は関係ありません）
②運を調べたい年の西暦
この二つをもとにして計算します。

たとえば、1987年6月25日生まれの人が、2012年の運勢を調べるときは、
①6月25日（生まれた月日）
②2012年（調べたい年）
これを以下のように用いて、最終的にひと桁になるまで足します。
（「11」「22」になった場合はそれが個人年運数になります）
6＋2＋5＋2＋0＋1＋2＝18　1＋8＝9
よって、「9」がこの人の2012年の「個人年運数」となります。

個人年運数1……新しいことをスタートさせる絶好の年

「個人年運数1」の年は、**やりたいと思ったことが、すべて自分の思い通りになるという、快調な年です。**はっきりとした目標を決めることで気持ちも前向きになり、すべてにおいて新しいスタートを切れる年です。

「まさかこんなことが起こるなんて！」と、自分でも驚いてしまうような「いいこと」が次々と起こるかもしれません。それをあらかじめ強く願っていた人ほど、実際に実現する可能性が高いでしょう。体のコンディションも最高で、スタミナがあふれてくるのを実感するでしょう。意欲を燃やして、積極的に動くべき1年です。

新しいことをはじめるのにも最適な年なので、やりたいと思うことをはっきりと掲げ、迷わず実行してみること。とくにいままでやりたかったことに着手するとよい方向へ発展します。これまでとまったく違う分野に挑戦するのも勧められます。ただし、あれこれ手を出しすぎて調子に乗らないように。行動や発言には慎重を期することです。

運が悪く、嫌なことが続いていた人は、この年を境に運を大きく変えるようなキッカケがつかめます。人づき合いの幅を広げるのもいいこと。また、人をあてにせず、自力でがんばっていく気持ちを大切にするようにしたいものです。

また、イメージチェンジにうってつけの1年でもあります。「なりたい自分」を設定し、それに近づくように努力すると、いつの間にか理想の自分に変われるはずです。お稽古事やダイエットをはじめるならこの年。思った以上の成果が上がります。

そして、これまではっきりしなかった人間関係に悩んでいた人にとっては、精算のとき。特に結婚を決めるには最良のときといえます。

就職、転職も吉と出ます。会社を興すのも、この年がベストです。また、健康面での悩みがあった人は、この1年で好転しますので、日々体調管理をきちんとすることです。それまで子宝に恵まれなかった人にもチャンスの年でしょう。

なお、**この「個人年運数1」の年に避けたいことは、転居と新築**です。とにかく精力的に動く1年なので、住まいが不安定だと、エネルギーが弱まってしまうのです。いまの環境の中で、どっしり落ち着いて活動できないと、気が散って全力を尽くせなくなるので、構想だけにとどめておくようにしてください。

個人年運数 2 ……焦りは禁物！我慢が必要な忍耐の年

「個人年運数2」の年は、**いままでやってきたことを、我慢強く守り抜く覚悟が必要な「忍耐」の年といえます。**そのため、基本的にはいつもよりゆったりとかまえて、我慢をするときだと考えて行動することが大切です。

この年の努力が、今後3年間の運勢に重要な影響を与えます。新しいことをやるよりも、過去を反省し、これまでの生き方を再確認するとよいヒントが得られ、先々の準備ができます。

また、仕事においても良くも悪くも、これまでやってきたことの結果が出る年。自分のキャリアやスキルを見直し、今後に向けて整理をすることです。

自分にとって本当に大事なものだけを残し、惰性でやっていたことは切り離す決断をすると、気分もすっきりと、新たな一歩を踏み出せます。物事のけじめをつけるには最適の年です。

そして人の意見やアドバイスが役立つ年ですので、人との交流に時間をさくことです。何でも自分一人でやろうとすると、思いがけない反発を受けるので、気をつけなければいけません。

金銭運は強く、お金が貯まる年です。貯金をはじめると大変ツキに恵まれますが、あまり金銭欲を表に出すと運は落ちてしまいます。浪費をしたくなるときでもありますが、我慢するほどに運は上がります。

自信が湧いて、やる気があふれているようなときこそ用心が必要です。急いだり焦ったりせず、心を大きく持ってゆったり進んでいくことが、成功の鍵となります。

健康運は不安定です。十分休息と栄養をとり、くれぐれも無理をしないように。

この年に避けたいことは、転職と離婚です。嫌気がさしていても、我慢するべきです。職場でも家庭でも、ここで短気を起こすと必ずつまずきます。あと3年は踏みとどまるつもりでいれば、近い将来信じられないようなよい結果になります。

結婚も焦って決めないこと。相手を見極めるには、少し判断力に欠けています。くれぐれも勢いや、思いつきの決断はしないように。この年はじっくりと相手への理解を深めていくときです。

個人年運数 3 ……地道な努力がツキを呼ぶ！チャンスに備える準備の年

「個人年運数3」の年は、**嫌な出来事も少ないですが、派手で楽しいこともない、これといって大きな変化のない単調な年**です。変わったことに挑戦してみてもよい変化が見られなかったり、ただ時間ばかりが過ぎていってしまうことに、焦りの気持ちを覚えることもあるでしょう。

こういう年は、本を読んで知識を深めたり、基本に戻って勉強したりして、知的蓄積をするときです。今後のための準備の年、というように考えると後々よい結果になります。少々閉塞感を覚えるときでもありますが、焦らないこと。

自分が将来どういうふうになりたいかをイメージして、そのために計画を立てるとうまくいきます。1カ月後、半年後、1年後に達成しておくべきことをリストアップし、目標に向かって進み出しましょう。

人との交流に恵まれる年なので、これまで秘密にしていたことを公《おおやけ》にしたり、自分の本心を相手に打ち明けるようにすると、それがプラスになって現れます。恋人や友人との関係の発展が暗示されています。運のよい人を味方につけることも、翌年からの開運の鍵になります。

ただ、人づき合いが多くなると気ぜわしくなったり時間に追われたりするので、気分転換や休養を取るよう心がけましょう。焦ると出費も増して、金運も不安定になるので注意が必要です。ゆったりとした気持ちで過ごすことが大事な1年といえます。

日々の変化の少なさに退屈を覚えて、つい冒険をしたくなるときでもありますが、大変危険なのでやめておくべきです。とくにいまの自分を変えようとして、自分にふさわしくない、似合わないことに手を出すのは厳禁です。現状から逃れようとする行動は避けること。くれぐれも一発逆転を狙うようなことは考えないように。コツコツと地道な努力を続け、常に希望を忘れないことです。

結婚、転職、転居もこの年に決めるのは避けるべきです。環境を変えて心機一転、という気持ちは裏目に出てしまいます。いまの環境でベストを尽くすことです。また、不倫の暗示もありますが、決して実行に移さないように。深刻なトラブルにつながってしまいます。全体的にスランプの1年なので、用心を怠らないようにしましょう。

個人年運数4……新しいことははじめてはいけない！現状維持の年

「個人年運数4」の年は、**何をやっても思うようにいかず、まったく自分に有利な展開がみられないため、イライラすることの多い、不調な年です。**よい結果になると思ったことが不調に終わったり、うまくいきそうにないと思ったことが成功したりということもあります。ここで焦ったり欲を出すと、思わぬトラブルに巻き込まれて大失敗しますので、要注意です。

この年は、現状維持を目標にして、焦らずに次のチャンスを待つことと我慢が大切です。これまでの仕事や生活を振り返って、基礎固めをするときです。迷ったら基本に戻ること。**むやみに新しいことに手を出すのは避けるべきです。**解決のヒントは、自分のこれまでのキャリアの中にあります。

また、腹が立ったり、大損害を受けることがあっても、自制心を働かせるように。そこでキレてしまっては負けです。自分の心を強化する、試練のときと思うこと。自分の不運を人のせいにして相手を責めると、せっかくの友情を失いかねません。

健康面でも体調を崩しやすいときです。いままで悪いところがなかった人も、ちょっとした不調から大病になるおそれもありますので、不摂生をせず、しっかりと健康管理をすることです。食欲、物欲、性欲、あらゆるすべての欲をコントロールすることが、体の面だけでなく、よい運を呼ぶためにもプラスになります。

そうした姿勢で過ごしていると、不思議に救いの手が差し伸べられます。たとえば、どん底まで落ちる直前のところで助けられるという体験をすることもあるでしょう。**現状を嘆かず、真摯な態度で進んでいけば、必ずよい展開につながっていきます。**

またお金の出入りが活発な1年です。入りやすい反面、出ていきやすいときなので、財布のひもは締めるように。金銭面でも欲望を抑えることが肝心です。そうすればある程度のお金が残せます。

この時期に避けることは、転職と転居です。環境を変えることはマイナスになります。また離婚も考え直すことです。なかなか話が進まないばかりか、無理に別れようとすると、やっかいなもめ事が起こります。

結婚もこの年に決めることは避けてください。機が熟すのは1年後です。1年間よく考えてから決断すると、よい流れに乗れます。

個人年運数5……精神的なダメージに注意！変化の激しい年

「個人年運数5」の年は、落ち着きがなくなり、気持ちもぐらつきやすく不安定さを感じる年です。とくに自分の生まれ月前後には、口論やケンカによって、人間関係にトラブルが起こりやすいので注意しましょう。

何につけても、**変動の激しいとき**です。トラブルの後によい結果が出せたり、大切な人と別れた後に素晴らしい出会いがあったりと、明かりが消えてはまた光り出すという1年です。

さらに引っ越しや転職、結婚などで環境が大きく変わりやすく、不安定になります。イライラしたり、不安を覚えることもあるでしょう。

しかし、何かに目覚めたり、これまでの努力や自制心が効果をあらわし、周囲に認められ、その結果を楽しめるときです。

また**この年の結婚はうまくいきます。**無理に話をまとめようとしなくても、自然に縁が結ばれ、末永く幸せな家庭が築けるでしょう。

また**旅行運、レジャー運があるので、大いに外に出かけることをすすめます。**仕事にヒントやインスピレーションを与えてくれ、予想外の成果につながるということもあります。不安定ながらも全体的に楽しいことが増えてくる年でもあるのです。新しい友達をつくることも吉。新鮮な風が吹きます。

これまで体調が思わしくなかった人は、体力回復の年になります。よりいっそう健康管理を心がければ、さらなる健康が得られます。そして子宝に恵まれるときでもあります。この年で授かって翌年に出産すると、安産、かつ健康な赤ちゃんを産むことができます。

この1年は研究心を燃やし、これまで読むことがなかった分野の本を読むといいでしょう。自分の引き出しが増えて、自信が強まります。

なお**この時期に避けることは、離婚**です。思いのほか精神的なダメージを受け、なかなか立ち直ることができません。人と衝突することもよくありません。転居、転職もその時期ではないので、実行に移すなら翌年にすることです。

個人年運数6……ビジネスチャンスも続々！富が入ってくる年

「個人年運数6」の年は、**心強くなるような協力者が現われたり、仲間との信頼関係が深まる年**です。人との交流が活発になるので、動き回ることが多く、多忙な年になりそうです。頼まれ事は、気が進まなくても引き受けてみましょう。後で大きなプラスとなって返ってきます。

仕事上でも大きな成果が上がり、利益を得るチャンスも多い年です。周囲のサポートを受けて大抜擢されたり、注目される存在になったりします。開店や開業にもよい結果が出る年です。独立を考えている人は、この年に実行すること。パワーがみなぎっていて、がんばりも利くときなので、よいスタートが切れます。

さらに、前年に計画したことを実行するときです。前年に学んだことも生かされます。**転居も転職も吉**と出ます。

健康運も問題なく、絶好調といえるときです。直感力も冴えているので、チャンスが来たときには尻込みせず、果敢に挑戦していくべきです。多少ハードなことでも、十分対応できます。この時期はとにかく億劫がらないこと。マメにいろいろなところに出かけて行き、情報を集めるなどエネルギッシュに行動すると、素晴らしい収穫があります。

金銭面も良好です。お金を儲けられるときで、投資をするのにもよい1年です。正しく見極めができるので、上々の結果が得られます。

またこの1年は異性運が強くはたらきます。**恋愛、結婚、家庭生活に発展がみられ、これまで積み重ねてきたものが大きく実を結ぶチャンス**です。新しい友情や恋が芽生えるチャンスも多くあり、出産にも適した年です。

そしてこれまで交際を続けていた人との間に、より親密な関係が築けます。無理だと思っていた相手と交際がはじまるという幸運も起こります。

しかし、プラス面もあればマイナス面もある年で、異性運につきもののトラブルも起こりやすく、そのために悩むことが出てきます。うまくいくことに気をよくしすぎないで、この年こそ自制心をきちんとはたらかせながらおつき合いすることが大事です。どんなに忙しくても手を休めず、歩みを止めないことが開運の鍵になります。

個人年運数7……自分磨きに最適！大きな飛躍へ向けて助走の年

「個人年運数7」の年は、**新しいことをはじめるよりも、過去を反省して、十分休息をとり、次の年に備えることが大切です。**心身ともに自己メンテナンスに力を入れましょう。安全第一主義でいくことです。無難に静かに過ごすことが一番といえます。自分を見つめ直したり、過去を反省するのにはよいときです。

心が浮き立ち、チャレンジ精神も旺盛になりますが、この1年は思いとどまることが大事です。自分の力に自信があっても、勇み立つ心は抑えて休息をとること。

この年は何となく人間嫌いになったり、寂しさを感じやすく、孤立しやすいときでもあります。これまでやってきたことに空しさや、漠然とした不安を感じることもあるでしょう。人づき合いも面倒になりがちで、興味の対象が、物質面よりも精神面に移行する傾向があります。

この1年は、**いままでやってきたことの結果が出る年**と考えましょう。これまでがんばってきた人には、昇進のチャンスがあったり、よい転職ができたりと、数々の喜ばしい出来事が起こります。反対に、いままで怠けていた人は、その怠けグセや過去の失敗がクローズアップされる出来事があるかもしれません。この年に物事がうまく進まなかった人は、すぐに態勢を立て直し、今後のためにいま何をすべきか考えるときです。翌年に大きく飛躍するためにも、いま一度我が身を振り返る必要があります。**何か新しいことをするなら、これまでやったことがない勉強がおすすめ**です。将来を視野に入れ、自分の知識を豊かにしておくと、後になって役立ちます。

結婚、旅行運もよく、それをキッカケに新しい世界が広がり、価値観が変わることもあります。

金運は儲かりそうに見えて大損をしたり、反対に損をしそうに見えても大儲け、という結果になるなど、波乱含みです。金運を上げるには、事前の調査や研究を怠らないようにすること。攻めより守りの1年と考え、決してがんばりすぎないように。

この年に無理をすると、健康面に影響が出ます。大病を患うケースもあるので、くれぐれも休息を念頭に置いて過ごすことです。

個人年運数 8 ……願望が次々叶う!人生の収穫の年

「個人年運数8」の年は、**これまで努力していたことの成果が出るとか、夢や野心が実現しそうな、全体的にラッキーな年。**

アイデアや計画を実行に移すベストチャンスです。積極的に新しいことに挑戦すれば、自分の個性を発揮できます。

この1年は、小さな夢よりも、大きく野心にあふれた夢が叶いやすいのです。**転職にも大変よいとき**です。

今の自分を信じて前に進んでいくことです。強気で積極的な態度が大切と覚えておいてください。

しかし、仕事ばかりに目を向けていると、行き詰まってしまいがちです。柔軟な考え方をするためにも、幅広い趣味を持って、生活を楽しむよう心がけたいもの。アンテナを張り巡らせておくことも大事です。

恋愛のチャンスも多く、高嶺《たかね》の花と思っていたような人や、理想通りの人とおつき合いできる幸運に恵まれます。積極的にいきましょう。

この年は大変健康状態もよく、スタミナにもあふれているので、これまで病気がちだった人や、長患いをしていた人には回復の年となります。**健康面でも精神面でも、長年悩んでいたことが解決します。**心と肉体のバランスが取れる年ともいえます。

そしてこの年は、人間関係の整理をするときです。惰性でつき合ってきた人とは、別れるときでしょう。

別れることになった人はそもそも縁がなかった人で、むしろ別れたほうがいい運命だったのです。最終的につき合いの続く人が生涯の友です。

そして**この年に出会った人も、一生の友となります。**

結婚を決めることもよいでしょう。

また、**新築するのには絶好の年**です。すべて希望通りの快適なスペースとなり、よい運も呼び込む、素晴らしい住まいになります。

個人年運数 9 ……今後の人生の方向が決まるかなり重要な年

「個人年運数9」の年は、**良いときと悪いときの差が極端に現れる年です。**不運なことが起きても決して焦らないこと。悪い日の次の日には、よい明日がくると信じて待つことです。

新しい仕事や新しい人間関係が生まれやすいときでもあります。新しい友人、新しい顧客、新しいビジネスパートナーに恵まれます。また、意外な転職先が見つかる年でもあります。以前から興味のあった分野なら、ぜひ挑戦してみることをすすめます。

さらに、**過去の人間関係が影響を及ぼす年なので、昔の仲間との交流を多くすることです。**思いがけない助けがもらえるなど、プラスに作用します。この年は家庭環境や友人関係がとくに重要になるので、これまでのつき合い方を、利害を離れて再検討してみましょう。

恋愛においてもよい出会いに恵まれます。この年に出会った人からは、大変よい影響を受けます。人間的にも成長できるので、大事に愛情をはぐくんでいくこと。

また、仕事などで忙しい日が続いた人は、のんびりと自然に接する機会を多く持つことで、運気がリフレッシュします。

この1年は今後の人生の鍵を握る年でもあります。よりよい未来を迎えるためには、慎重に今後の計画を立てたり、過去の行動の反省に時間をあてることがプラスになります。

またこの年にうまくいったことは、一生自分を支えてくれますので、基礎を築き、「これは」と思うことがあれば、全力投球でがんばることです。

これまでの悪癖や、よくない習慣なども断ち切れるときです。吹っ切れなかったこともすっきりできます。絶望的だと思っていたことも解決の光が差し込んでくる年といえます。そして目標がある人ほど、チャンスに恵まれる1年です。

なお、人によってはずっと安定してきたのに、この1年でガラリと状況が変わってしまうこともあります。しかし不安は無用、**この年に起こる変化は、すべてよいもの**と考えて大丈夫です。楽天的にとらえて、その変化に順応しましょう。

個人年運数11……直感力が冴え渡る！　〝見えない力〟が味方する年

「個人年運数11」の年は**精神的な年**です。自分のメンタリティが大きくクローズアップされ、物質的なもの、金銭的なものよりも、精神的な喜びや人生の意義について考えることが多くなります。枠にしばられない考え方ができるので、**人生に新しい夢を見出す年**です。いままで見過ごしていたことを発見できたり、自分の新たな可能性に気づくことができる1年です。

それゆえ、この時期にあまり金銭的なことを考えすぎると、悩みが多くなり、不安に襲われることがあります。夢を現実に移そうとするときに、壁にぶつかることもありますが、何よりも心の満足感を得られることを優先すること。必ずよい方向へ動き出します。

経済的には現状維持を目指しましょう。投資などのよい話がきても、この1年は乗らないことです。余計なストレスを抱え込む羽目になります。

また、感受性が高まっているので、相手の気持ちをより深く理解できます。これまでは嫌だと思っていた人に対しても、よい面を見つけようとするので、自然と人間関係の幅も広がります。

また、ボランティア活動に喜びを感じたり、音楽や絵画への関心が高まるときです。その反面、精神的にスランプに陥りやすく、寂しさや不安にかられたりします。他人との摩擦で自分の気持ちが理解されなかったりすると、落ち込みも激しくなります。人によっては妥協ができず、自分の世界に閉じこもるとか、人間関係でトラブルを起こすこともありますので、よくよく人の意見に耳を傾けること。意識的に現実に目を向けることが大切です。

大変に直感力が高まっているときなので、インスピレーションにしたがうことでより幸運をつかめます。過去に起きたよくないことを思い出して、あれこれと検討したりするのはよくありません。自分の感覚を信じること。それがこの時期の開運のコツです。

結婚も、この1年ならインスピレーションで決めてOKです。最良の相手とめぐり合えます。就職も転職も吉です。とにかく素直に直感に導かれることです。

個人年運数22……「いいこと」が次々起こる！ 人生が大好転する年

「個人年運数22」の年は、**理想に燃える上昇の年。大きな夢や希望が実現する、大変「ラッキー」な年です。**

この1年は何をやっても思った通りになり、協力者にも恵まれる申し分のないときです。黙っていても向こうのほうからプラスのものがやってくるといった1年で、これまでのよくない運が、一転して幸運に変わっていく年なのです。

あまりに物事がうまく運ぶので、かえって不安を覚えてしまう人もいますが、心配せずに、このラッキーを感謝して受け取ることが大切です。

この年の努力は、いつもの年の10倍の威力を発揮することも多いのです。これまでの誤解やトラブルは、この1年間で解決でき、これからの発展に大きな効果をあたえるので、がんばりどきです。この年に努力したことは、必ず報われます。しかも、自分でも驚くほどスムーズに事が運びます。たとえ困難なことが起きたとしても、意外なところから協力者が現れたり、救いの手が伸びてきたりします。この年の運の強さを生かせば、人生は大きく開けていきます。

　ただし、いくらラッキーな1年とはいえ、まったく努力をしないのは問題です。もちろん、強運ゆえ何もせずともそれなりの成果はみられますが、この年の態度が翌年以降に影響を及ぼしていくことを忘れないでいてください。どんな幸運に見舞われても、自分自身を見失わないことが大事です。「いいこと」が続いても舞い上がらず、大切な年であるという自覚を持つよう、心がけてください。

金銭的にも最高の年です。ゼロから大金をつかむチャンスがありますので、常に様子をうかがい、逃がさないこと。健康運も素晴らしく、バイタリティーも十分です。そして、人間的な魅力もアップする1年で、多くの人をひきつけてやみません。

　異性運もよく、結婚話が進むときでもありますが、この1年は結婚を決めないほうがいいでしょう。せっかく多方面に向かってよい運が高まっているのに、結婚に集中してしまって、他の運を使うことなく過ごすのはもったいないことです。

　このように、**「個人年運数22」の年は最高の年**といえます。何をしてもこれからの発展に役立つ結果となります。

一カ月の運勢を占う――「個人月運数」の出し方

続いて、自分の特定の「個人月運数」は、このように計算していきます。

①前項で出した自分の個人年運数を確認します。

②次に占いたい月の数を、①の個人年運数に加算します。

たとえば、1987年6月25日生まれの人が、2012年6月の運勢を調べるときは、

①6＋2＋5＋2＋0＋1＋2＝18　1＋8＝9

　2012年の個人年運数は「9」

②9（個人年運数）＋6（6月）＝15　1＋5＝6

よって、2012年6月の個人月運数は、「6」となります。

個人月運数 1 ……意欲に燃える月

意欲に燃えるときです。少しくらい無理だと思われることでも、やりたいと思ったことは実行してみるべきです。とくにやりたくてもこれまでできなかったことに着手するとよい結果になります。昔の友人や仕事仲間、学生時代の異性の友人といった人たちが、あなたにとって有益なアドバイスや、大きな力を与えてくれます。

仕事も勉強も好調な月です。

伝記やサクセスストーリー、哲学の本を読むと、思いがけない発見があります。ただ、これからしばらくは予想以上の出費も多く、つまらないことで見栄を張りすぎて、損をしてしまうこともあります。

「1」がモチーフになっているアクセサリーがラッキーアイテムです。アンラッキーな数字は「0」。できるだけこの数字を避けて通るようにすること。

また、目の痛み、頭痛に悩まれることがあります。

個人月運数 2 ……焦らず謙虚になる月

何でも自分の力だけでやろうとするとつまずくときです。たとえどんなに快調でも、また絶対に自信がある場合でも、人の意見を取り入れるとか、周囲の人を理解する気持ちを持つこと。

とくに年上の人、上司、先輩に味方になってもらえるとプラスに作用します。年上の人の意見に素直に耳を傾ける謙虚さが、成功の秘訣。

異性関係はこじれやすいとき。秘密にしていたことが公になったり、浮気にスリルを感じて、つまらない異性に心をひかれてしまうこともありそうです。

焦らず、欲張らない姿勢で、自分のもとへ自然にめぐってくるものを大事にすることです。

また、**偶然耳に入ってきた噂話や、何気なく開いた本の中に、よりよい人生を送るためのヒントがあります。**

この月は事故が起こりやすいので注意してください。

個人月運数3……精神が不安定な月

これからしばらくは実力を発揮するチャンスが多くなります。仕事で素晴らしい結果を残すとか、趣味ではじめたことが金運に結びついたりもします。

新しいことをスタートさせるのにも絶好のチャンス。セミナーやボランティア活動に参加してみるといいでしょう。これまで縁がなかったようなところへ行くのもいいことです。英気が養われ、気力も充実してきます。

昔の手紙を読み返してみると、大きな力がもらえることもあります。

ただ、イライラしたり、カッとなったり、つまらないことで泣いたり、精神的に不安定になりやすくなるときでもあります。また、あてにしていたことがダメになったり、何をしても楽しくないので、欲求不満を感じやすくなります。

またこの月は、人から好かれ、信頼されることが運を開く鍵です。つとめて人に安心感を与えるように心がけること。身だしなみにも十分気をつけ、くれぐれも人に不快な思いをさせないことが大事です。香りのおしゃれを楽しむのも吉です。

個人月運数 4 ……異性に心惹かれる月

何かにつけ、異性のことが気になります。偶然知り合った異性に心をひかれたり、恋愛のスリルに喜びを感じやすいときです。

いままであまりタイプではなかった異性を好きになって、とまどう人もいるでしょう。普通なら決して心が動かない相手に対し、誘惑にのってしまうこともありそうです。

仕事上でも異性との結びつきがあるほうが、ツキに恵まれます。

ところが、長いつき合いだった恋人との間に亀裂が入ったりするということも起こります。こんなときは何よりも誠実な態度を保つことです。

これからしばらくは、あなたの住むところから「東南」に向かって旅をしたり、散歩をしたりすると、ラッキーなことに出会えそうです。悩み事は「東南」に住んでいる仲間に相談すると吉です。

なお、**男女問わず32歳の人には、実りある幸せな恋愛のチャンス**があります。

個人月運数 5 ……才能を発揮する月

頭が冴え、普段思いつかないようなアイデアがひらめくことがありそうです。文章を書くこと、絵や音楽など、美的センスを生かすのに最良の月です。雑誌などに投稿してみるのも新たな才能を発見するチャンスです。

人間関係も大変スムーズにいき、これからの自分をよい方向へ導いてくれるような人との出会いのチャンスがあります。**この月に出会った人は、大きなパワーをくれるかけがえのない友人となります。**

ただ、異性関係はこじれやすく、こちらの気持ちがうまく相手に伝わらなかったりして寂しい思いをすることもあります。とくに水曜日のデートや異性との会話は気分が乗らず、相手にも不愉快な思いをさせてしまいそうなので注意しましょう。

恋愛関係はリセットのときを迎えます。少しでも相手に対して不信感を覚えたり、情熱が持てなくなっていたら、別れることが吉です。

また家族に喜びが多いときでもあります。

個人月運数 6 ……運が上向く月

大変忙しいですが、楽しさを感じることが多い日が続きます。周囲の人から頼りにされ、信頼されるときでもあります。

いままで人間関係が思うようにいかなかった人には、少しずつ運が向いてきます。ただ、怠けグセがついて、何をするのも面倒になってしまうと、せっかくのチャンスを逃してしまいます。人のために尽くし、人に協力することを心がけるとなおよい展開がみられます。短気を起こさず、人に対して親身になって接することです。

転職、転居にも最良のとき。自分からやる気になれば、少しぐらいむずかしいことでも、願いを現実に変えることができます。また**異性に大変モテる月**でもあります。

健康面では、眠れないことが多く、睡眠不足で疲れやすい日が多いので、十分気をつけましょう。疲れから大病を患うおそれがあります。不慮の事故にも要注意です。

この月は家族と過ごすことでリラックスできます。里帰りをすると心が潤い、元気が湧いてきます。

個人月運数 7 ……気分が不順になる月

原因不明の疲労感や、体の不調が続くときです。何をやるのも億劫になり、やる気をなくしてしまうこともあるでしょう。原因は人間関係にあります。まずはこれまでの交友関係を見直してみることです。嫌な人と距離をおくと、好転します。

これからしばらくは、素晴らしい上昇運の時期が到来するのに、やる前からあきらめてしまったり、取り越し苦労をしすぎてよくない結果ばかり考えるのは、もったいない。あれこれ迷う前に、まずは実行してみること。明るさと親しみやすさをモットーに、積極的に人づき合いをしましょう。とくに**12日、18日、21日はラッキーデー**です。服装をいつもより明るめにしてみるのも、よい気分転換になります。

また、欲深くなる月でもあります。願望が叶いやすいので、もっともっとと求めすぎてしまう傾向があります。欲望には適度にブレーキをかけること。

なお、寂しさが心をしめるときです。寂しさゆえに浪費をしたりする傾向があるので、運の強い、よい仲間と一緒に過ごすことです。

個人月運数 8 ……最強の幸運の月

いよいよ強運が向いてくるチャンスがきました。それが実感できる月です。あてにしていたことは思うようにならず、あてにしていなかったことが意外な展開をみせるという、自分でも想像もしなかったような、不思議な出来事が起こるときです。**いいことが3回続けて起こったら、その次には最強の幸運がやってきます。**

頼まれ事も多くなり、新しいことに挑戦したくなるときです。また、ずっと片思いでいた人は、この月に思いを告《つ》げると願いが叶います。おつき合いしている人がいれば、結婚を決意するにもよい月です。将来のことを大いに話し合いましょう。

職場では信用が高まり、近所づき合いでも信用度が増していきます。なお、**ギャンブルやクジ運が強いとき**ですので、宝くじを買ってみるのもいいでしょう。

その一方で、ライバルから利用されるおそれもあります。ライバルからストレスを受けやすいときですが、そのときは上手に気分転換をすること。あまり心配する必要はありません。

個人月運数 9 ……人づき合いが活発になる月

人づき合いが活発になり、たくさんの人と交流したり、訪問し合う機会が多くなります。新しい友人ができたり、思いがけない人と再会することもあります。ただ、いままで親しかった人と意見が食い違い、不信感を抱かれてしまうようなことがあるので、言葉のやりとりにはくれぐれも気を配りましょう。

既婚者は、夫婦ゲンカや金銭上のもめ事が起きるなど、つらい思いをすることが多いときです。独身の人なら、身近な異性と大ゲンカをして、嫌われることもあるかもしれません。**しかしそれはあらゆる面でプラスに変わる前兆**なので、落ち込まずに、未来を信じて過ごすことです。

いままでやってきたことが完成するとき。とくに11日、12日の満月の日には、願い事が叶うチャンスも高まります。

次の段階に進むための準備をするのにも絶好の月。将来に向けて勉強をはじめるなど、自分自身に対して知的な投資をすると、後々自分を支えてくれる力になります。

個人月運数 11 ……積極的に行動する月

新しいことをはじめる決心をすると、運が飛躍的に上昇します。現状打破にはもってこいの月です。必ずよい結果が出るので、臆せず、積極的に挑戦していくこと。

健康面では、原因不明の病気に悩まされるなど、不安定な月です。億劫がらずに専門医を受診し、回復につとめるようにしましょう。これは運の転換期にあたって起きていることなので、これを乗り越えればさらなる幸運を手にできます。精神的にも重圧を感じるときですが、負けずにがんばればやがて心からの安心感が得られます。

また、貸したお金が回収できないなど、金銭トラブルが起こりやすいときですが、それで弱気にならないこと。毅然として立ち向かえば解決できます。

異性運は大変強く、人気が高まるときです。モテてあちこちから声がかかりますが、トラブルもなく、意中の人と楽しい交際がスタートします。結婚に結びつくような相手との出会いもあります。既婚者は家庭円満につとめること。家族にやさしく、素直に接するようにしましょう。ムキになったり、強い言葉を言ったりしないことです。

個人月運数 22 ……運が好転する月

仕事、人間関係と、これまでうまくいかなかったことが一転、思い通りに事が運び出す月です。自分に課題を与えて、少々むずかしいと思われることにも挑戦するとい い結果になり、自己評価を高めることができます。長年の悩みが解決し、生まれ変わった気持ちで人生に向かい合えるキッカケとなる月です。

理想の状態を設定し、それに向かって邁進したいもの。心強い協力者も現れます。この月は、とにかくがんばるときです。通常の月の何倍も運が高まっていて、これまでパッとしなかったことも好転するときなので、怠けて過ごしてはもったいないのです。

それには的を絞り、一点重点主義でいくこと。仕事なら仕事、勉強なら勉強と、今の自分にもっとも必要なことに励み、あれこれと手を出さないことです。

また、**この月はプロポーズをするのに最適**です。よい答えがもらえるばかりか、その後の結婚生活にもよい結果をもたらします。何の障害もなく、すんなりと話もまとまり、ふたりの絆も固いものとなります。

（了）

本書は本文庫のために書き下ろされたものです。

カバラ数秘術《すうひじゅつ》

ユダヤ最高《さいこう》の占術《せんじゅつ》でわかるあなたの運命《うんめい》

著者　浅野八郎（あさの・はちろう）
発行者　押鐘太陽
発行所　株式会社三笠書房
〒102-0072 東京都千代田区飯田橋3-3-1
電話　03-5226-5734（営業部）03-5226-5731（編集部）
http://www.mikasashobo.co.jp
印刷　誠宏印刷
製本　ナショナル製本

ISBN978-4-8379-6615-9 C0130

王様文庫